LOUISIANA MUSEUM FOR MODERNE KUNST
W0305570
LYNGBYVEJ
STRANDVÆNGET
ØRESUND
FÆLLED-PARKEN
F
DEN LILLE HAVFRUE
LA PETITE SIRÈNE
ØSTERPORT
STATENS MUSEUM FOR KUNST
MUSÉE DES BEAUX-ARTS
KASTELLET
YDERHAVNEN
C
ROSENBORG SLOT
CHÂTEAU DE ROSENBORG
AMAGER BAKKE
THORVALDSENS MUSEUM
MUSÉE THORVALDSEN
OPERAEN
A
STRØGET
NYHAVN
NOUVEAU PORT
NATIONALMUSEET
MUSÉE NATIONAL
TIVOLI
HOVEDBANE-GÅRDEN
CHRISTIANIA
NY CARLSBERG GLYPTOTEK
GLYPTOTHÈQUE CARLSBERG
D
DYBBØLSBRO
B
AMAGER FÆLLED
AMAGER STRAND
AMAGER STRANDVEJ
AMAGER STRANDPARK
SYDHAVNEN
ØRESTAD BOULEVARD
AMAGERBROGADE
KASTRUPFORT
VEJLANDS ALLÉ
1 km
N

Nyhavns Færgekro

BIENVENUE À

COPENHAGUE

Ouverte sur le monde, conviviale, proche de la nature, Copenhague offre une exceptionnelle qualité de vie ! Un mot résume tout cela : le *hygge*, "l'art de vivre" danois. Ville de marins et de marchands, Copenhague se développe autour de Nyhavn au XVIIe s., aux quais parés de maisons multicolores. Les palais rococo d'Amalienborg, où réside la reine, précèdent l'Âge d'or, quand Thorvaldsen, Andersen ou Kierkergaard faisaient rayonner le Danemark au-delà de ses frontières.

Le XXe s. voit l'affirmation du design, toujours en vogue, à la fois sobre et fonctionnel, et qui résume à lui seul l'esprit du pays et de la ville : il faut que ce soit beau, et que cela fonctionne. Une philosophie qui se retrouve dans le goût des bonnes choses, des cafés cosy et des grands restaurants. Avec Cartoville, la ville s'ouvre à vous !

Retrouvez dans ce guide toutes les bonnes adresses de Julie Boénec. Guide et journaliste, Julie habite depuis dix ans à Copenhague et tient le blog scandinaviadreaming.com

SOMMAIRE

INCONTOURNABLES

D

Nyhavn
Le "Nouveau Port" creusé au XVIIe s. : "la" carte postale de Copenhague avec ses maisons aux façades multicolores, ses vieux gréements et son incessante frénésie !

C

Den Lille Havfrue, la Petite Sirène
Une émouvante silhouette de bronze, assise sur un rocher, face à la mer, le regard perdu vers le large, symbole du pays tout entier !

A

Strøget, quartier Latin
1,1 km de promenade bordée de boutiques les plus variées, de cafés et de restaurants... Le quartier Latin vibre au rythme des étudiants !

Nyhavns
caféen

B

Thor-valdsens Museum

Un écrin d'inspiration antique pour le grand sculpteur Bertel Thorvaldsen ! Ses œuvres néoclassiques d'un blanc marmoréen s'y détachent avec grâce sur des murs ocre et bleu profond.

B

Tivoli

Un des plus vieux parc d'attractions au monde. Depuis 1843, Tivoli fait tourner des manèges féeriques et décoiffants, et happe les foules avec sa poésie de fête foraine surannée.

B

National-museet

20 000 ans d'histoire, de l'ère glacière des chasseurs de rennes aux Vikings (1050) ! Son point d'orgue : le char du Soleil (1400 av. J.-C.) et le chaudron gaulois de Gundestrup (Ier s. av. J.-C.).

B

Ny Carlsberg Glyptotek

Selon certains, le plus beau musée du Danemark. Ses œuvres le disputent au raffinement de l'architecture, voulue par le donateur, le brasseur Carlsberg Carl Jacobsen.

D

Christiania

Une "ville libre" autogérée, belle réussite communautaire aux maisons excentriques, aux vélos mythiques et aux salles de concert emblématiques !

F

Rosenborg Slot, relève de la garde

Des tourelles chapeautées de vert, un pignon à volutes, le château tout de brique et de pierre, ancienne résidence royale d'été, abrite le trésor de la Couronne. Départ de la relève de la garde à 11h30 !

F

Statens Museum for Kunst

Au "Louvre" des Danois règnent Mantegna, Cranach, Rubens, Rembrandt, Matisse et les peintres de l'Âge d'or comme Hammershøi ou Kirkeby !

Louisiana Museum for Moderne Kunst

En une parfaite harmonie entre œuvres, architecture, nature et mer, le visiteur s'émeut devant Picasso et Giacometti, Yves Klein, Lucio Fontana, Arman, César, Warhol, Lichtenstein...

COPENHAGUE AUTREMENT

SKIER EN VILLE SUR COPENHILL

CopenHill est une usine d'incinération dont l'espace sur le toit a été converti en une des plus longues pistes de ski artificiel au monde. Pour atteindre le (bar) sommet, vous avez le choix entre le tapis roulant, l'escalier des coureurs, le mur d'escalade de 85 m, ou bien l'ascenseur. Le lieu idéal pour un coucher de soleil panoramique, la ville d'un côté, la mer de l'autre, au son des remontées mécaniques !

→ CopenHill (**C** E3) Vindmøllevej 6
Lun.-ven. 12h-20h, w.-e. 10h-20h (18h dim.) Ski Sur rés. Location de ski sur place Tarif 150kr/h ; 500kr/j.

MANGER AVANT-GARDE CHEZ ALCHEMIST

Le noma de René Redzepi a lancé Copenhague au firmament de la gastronomie mondiale dans les années 2010, mais c'est aujourd'hui l'Alchemist de Rasmus Munk qui a le vent en poupe. Pour atteindre ce Graal, il faut s'y prendre patiemment des mois à l'avance. Le tout pour une véritable expérience culinaire mise en scène, en 5 actes, 50 plats, dans un décor de théâtre de 2 200 m². Les bouchées moléculaires se transforment en fumée, le papier est comestible, la scénographie des plats porte un propos écologique...

→ Alchemist (**C** D1) Refshalevej 173C
alchemist.dk Menu 3 500kr

C S'OFFRIR UN JACUZZI FLOTTANT À COPENHOT

Un maillot de bain, une serviette et un bonnet, c'est tout ce dont vous aurez besoin pour apprécier le canal de Copenhague, même en hiver ! CopenHot propose un point de vue unique sur la ville de Copenhague avec son concept original : sauna et Jacuzzi en plein air. Autre option encore plus dépaysante : une balade en Jacuzzi flottant d'une heure et demie, entre les maisons et constructions contemporaines de la cité !

→ CopenHot (**C** D1) Refshalevej 325
Tél. 31 32 78 08 www.copenhot.com
Tarif 1 200-2 200kr

B SE BAIGNER À ISLANDS BRYGGE

Ne soyez pas étonné de croiser des gens en maillot de bain en ville, car on peut se jeter à l'eau partout dans Copenhague, du moment qu'il y a une échelle peinte en orange fluo pour remonter. L'eau est si propre que les phoques viennent parfois montrer le bout de leurs moustaches ! Sous l'eau, des parcs à huîtres et moules se chargent de filtrer l'eau, dont la qualité est régulièrement testée. Est-elle froide ? 19-20 °C dans la Baltique, et dans les piscines "havnebadet", l'eau est en général plus chaude (et la baignade surveillée).

→ Havnebadet Islands Brygge (**B** C3)
Islands Brygge 14 Tél. 30 89 04 69 Juin-sep. :
tlj. 24h/24 (maître-nageur juin-août 11h-19h)

(B) PARTIR EN BALADE SUR LES GOBOATS

Pas forcément envie de vous baigner ? Mais tout de même attiré par l'eau ? Les Danois ont inventé le bateau design propulsé à l'énergie solaire ! Que demander de plus ? Un panier pique-nique à partager entre amis peut-être... Eh bien c'est possible et fourni sur demande. L'embarcation accueille jusqu'à huit marins d'eau douce, pour un apéro au fil de l'eau. Vous rejoindrez ainsi les nombreux Danois qui prennent un verre face à l'eau, dès qu'un rayon de soleil pointe le bout de son nez.

→ GoBoats (**B** C3) Islands Brygge 10
Tél. 40 26 10 25 goboat.dk
Tarif 499-2 499kr

(E) S'IMMERGER DANS LE DESIGN AU RADISSON

Le design est un fidèle reflet de la mentalité danoise, éprise de beauté, de simplicité et de fonctionnalité. Qui n'entend pas rentrer en avion avec une chaise Jacobsen sur le dos peut séjourner à l'hôtel dessiné par ce dernier dans les années 1960, le Radisson (ou simplement demander à visiter la chambre 606, prévue à cet effet). Vous pouvez aussi goûter au design rétro de l'Alexandra (Finn Juhl), au minimalisme du Skt. Petri (Erik Møller Arkitekter), opter pour les lignes graphiques du SP34 (Morten Hedegaard), ou vous offrir un objet dans une boutique spécialisée !

→ Radisson Collection Hotel (**E** F2)
Hammerichsgade 1 Tél. 33 42 60 00
www.radissonhotels.com

(F) JARDINER ET BÊCHER À ØSTERGRO TAGFARM

À Copenhague, l'une des villes les plus écologiques du monde, où l'on circule à vélo, où l'architecture ne se pense qu'en vert, où l'on mange en circuits locaux courts, il faut aller mettre la main à la pâte et découvrir les jardins potagers urbains ! Le plus spectaculaire et convivial est celui d'Østergro Tagfarm, perché sur le toit d'un immeuble ! 600 m² de champs plantés de légumes bio, d'herbes aromatiques et de fleurs comestibles, des ruches, et des dîners organisés le long de grandes tablées ! Sans compter les nombreux ateliers thématiques.

→ Østergro Tagfarm (hors plan **F** D1)
Æbeløgade 4 Tél. 20 88 38 98 www.oestergro.dk

(D) PÉDALER SUR UN VÉLO DE CHRISTIANIA

Créé dans la ville libre à la fin des années 1970 et amélioré dans les années 1980, le modèle de vélo cargo permet de transporter ses enfants en toute sécurité. Dans cette cité où la petite reine règne depuis plus de vingt ans, vous pourrez profiter de pistes cyclables parfaitement aménagées, de piétons et automobilistes respectueux, et circuler dans toute la ville et même jusqu'à la plage !

→ Pour en acheter un : www.christianiabikes.com ; pour en louer un lors de votre séjour : copenhagenbicycles.dk Tarif 500kr/24h

COPENHAGUE EN 3 JOURS

JOUR 1 .... A B D

MATIN

Comment mieux humer l'air et l'atmosphère du Copenhague historique, qu'en vous attablant en début de matinée au café **Norden** ?

En quelques pas, rejoignez l'îlot de Slotsholmen, centre politique de la capitale. Dans le magnifique **Thorvaldsens Museum**, les œuvres marmoréennes de Bertel Thorvaldsen sont exposées sous leur plus beau jour.

À midi, goûtez aux multiples variations de la tartine typique, le *smørrebrød*, chez Kanal Caféen.

APRÈS-MIDI

Embarquez alors pour un tour du port en bus, du vent plein les cheveux ! Le magnifique Operaen, l'Opéra, est en ligne de mire... Au retour, descendez à l'arrêt de **Nyhavn**, c'est le moment d'immortaliser ce joli port coloré ! Là commence Strøget, la principale rue piétonne de la ville. C'est le quartier du lèche-vitrine entre marques célèbres, créateurs design et terrasses de cafés.

Envie de féerie ?
Tous proches du centre historique, les jardins de **Tivoli** s'illuminent, magiques dans la nuit !

SOIR

Au dîner, Marv & Ben est parfait pour s'initier à la nouvelle gastronomie danoise.
La soirée se prolonge au Mojo Blues Bar ou au Club Mambo !

JOUR 2 .... C E F

MATIN

Rosenborg Slot, l'ancienne résidence royale estivale, attend les plus curieux, entouré de son splendide jardin romantique. Puis, 25 min de promenade mènent à l'emblème nationale : **la Petite Sirène** ! Elle est là, mélancolique, sur son rocher, caressée par les vents du port. Sur les quais, vous pouvez faire une agréable pause café chez Toldboden.

Attention à l'heure, il faut être à **Amalienborg** à midi pile pour l'arrivée de la garde !

Envie d'un burger ? Direction Gasoline Grill. De nouveaux *smørrebrød* ? Aamanns n'est pas loin !

On vous conseille
De louer un vélo ! La ville est toute plate et les distances raccourcissent. Sur votre monture, partez à la découverte des nouveaux quartiers, Sluseholmen et Refshaleøen !

APRÈS-MIDI

Au **Statens Museum for Kunst**, musée national des Beaux-Arts, pluie de chefs-d'œuvre.
En sortant : shopping *trendy* dans le quartier de Nørrebro.
Pourquoi enfin ne pas vous délasser au Kaffesalonen ?

SOIR

Reposé ? C'est le début d'une folle nuit à Kødbyen ! Restaurants, bars, boîtes de nuit, il y en a pour toutes les envies.

JOUR 3 .... C D E

MATIN

Si la nuit a été courte, autant prendre des forces avec un bon petit déjeuner chez Granola, qui prépare le *rødgrød* (porridge aux fruits et à la crème) comme personne.

Quelques coups de pédale et vous voici dans l'autre grand musée de la ville : la **Ny Carlsberg Glyptotek**. Restez sur place pour le déjeuner, afin de profiter du romantique café du jardin d'hiver.

APRÈS-MIDI

Direction **Christiania**, la ville libre. Pause café sur place ou, vers le canal, au Café Wilder, joli bistrot de quartier. Ensuite, grimpez embrasser du regard toute la ville, du haut du clocher en spirale de Vor Frelsers Kirke. Au sortir de l'église toute baroque, prendre le temps de remonter Christianshavns Kanal, en direction du nord.

Dînez tôt comme les habitants. En empruntant le bus du port ou en enfourchant un vélo, rendez-vous à Reffen – Copenhagen Street Food, une occasion vivante de découvrir Refshaleøen, un quartier en pleine ébullition.

SOIR

Si la soirée doit se poursuivre, optez pour un concert à Christiania, au Loppen par exemple, ou pour un verre à l'Eiffel Bar, un pub toujours très animé !

À faire !
En fonction de la météo, offrez-vous un bain de mer comme tout Copenhaguois qui se respecte, ou un sauna flottant.

AGENDA

JANVIER-FÉVRIER

Vinterjazz Festival

Festival de jazz hivernal.
⟶ 3 sem. www.jazz.dk

MARS

CPH : Dox

Documentaires internationaux.
⟶ 11 j. www.cphdox.dk

AVRIL

Anniversaire de la reine

Le 16 avril à midi, des milliers de Copenhaguois viennent saluer leur souveraine Margrethe II à Amalienborg. Grand défilé.

MAI

Marathon

Marathon rassemblant presque 10 000 coureurs chaque année.
⟶ 3e dim. copenhagenmarathon.dk

Karneval

Le carnaval de Copenhague. Plus grosse manifestation de la ville. Concerts, concours de costumes et bals.
⟶ Mi-mai

Vesterbro Festival

Grandes scènes pop, rock, électro, hip-hop.
⟶ Fin mai www.vesterbrofestival.dk

JUIN

Distortion

Club culture à Vesterbro, à Nørrebro et sur le port.
⟶ 5 j. déb. juin www.cphdistortion.dk

Sankt Hans Aften

La fête du jour le plus long. Feux de la Saint-Jean, danses, etc.
⟶ 23 juin au soir

Roskilde Festival

Le Woodstock danois.
⟶ À 30 min à l'ouest de Copenhague 1 sem. fin juin-début juil. www.roskilde-festival.dk

JUILLET

Copenhagen Jazz Festival

Concerts d'artistes du monde entier et activités pour les plus jeunes.
→ 10 j. en juil. www.jazz.dk

AOÛT

Strøm

Un grand festival de musique électronique, un peu partout en ville.
→ Autour des 10-15 août strm.dk

Copenhagen Fashion Festival

Salon des jeunes créateurs de mode. À la Sankt Nicolaj Kirke.
→ Mi-août
www.copenhagenfashionfestival.com

Malmö Festivalen

Plus de 200 concerts à Malmö, tout près en Suède.
→ 3e sem. d'août
www.malmofestivalen.se

Copenhague Cooking

Festival culinaire dédié à la gastronomie nordique.
→ 4e sem. d'août www.copenhagencooking.com

Copenhagen Pride

Précédée de 10 jours de rencontres et d'événements festifs et culturels, la Gay Pride propose 6 défilés !
→ 21 août www.copenhagenpride.dk

SEPTEMBRE

Golden Days Festival

L'Âge d'or (1780-1830) vu à travers expositions, concerts, dégustations...
→ 2 sem. en sep. www.goldendaysfestival.dk

Kulturnat

Nuit de la culture. Plus de 200 musées, théâtres, etc., ouvrent leurs portes toute la soirée !
→ 2e sem. www.kulturnatten.dk

OCTOBRE

CPH Pix

Longs métrages.
→ 2 sem. en sep.-oct. www.cphpix.dk

Halloween i Tivoli

Tivoli organise les choses en grand pour la fête de Halloween !
→ Mi-oct.-mi-nov. www.tivoli.dk

DÉCEMBRE

Marché de Noël à Tivoli

Le parc d'attractions revêt ses habits de lumière pour fêter Noël. Manège, artisanat et gastronomie traditionnelle.
→ www.tivoligardens.com

Concerts du Nouvel An

Pour le Nouvel An, feux d'artifice et concerts.

BONS PLANS

POUR **NE RIEN DÉPENSER**

Balades archi

Copenhague figure en tête de l'innovation architecturale en Europe, l'occasion de voir des bâtiments *in situ* ! À Amagerbro, le Koncerthuset (hors plan **B** D6) signé Jean Nouvel ; à Ørestad (hors plan **B** D6), Mountain Dwellings de BIG (Bjarke Ingles Group) ; à Islands Brygge, Gemini Residence (**B** A6) de MVRDV ; et dans le nouveau quartier de Nordhavn, plusieurs édifices spectaculaires.

Musées gratuits

Entrée libre le mardi à la Ny Carlsberg Glyptotek (**B** B2) et le mercredi au Thorvaldsens Museum (**B** C1), Davids Samling (**F** E4), et, après 17h, au Kunsthal Charlottenborg (**D** B2).
Tous les musées sont gratuits pour les moins de 18 ans.

Lieux de visite

Beaucoup de choses à voir gratuitement : Universitet (**A** C3), Den Sorte Diamant (**B** D2), Den Lille Havfrue (**C** C2), Christiania (**D** C3), Radisson Collection Hotel (**E** F2), Assistens Kirkegård (**F** A3), relève de la garde à 11h30 à Rosenborg Slot (**F** E4) ou à 12h à Amalienborg (**C** B3).

Concerts

Presque tous les mercredis soir, concerts des étudiants du Royal Danish Academy of Music (**E** E1), sur place ou dans des lieux prestigieux de la ville.

POUR **VOYAGER MOINS CHER**

Découvrez la ville en bateau-bus avec le Havnebussen Ticket 24kr/1h. Ou comment découvrir le port en bateau pour le prix d'un ticket de bus !

Cinéma en plein air

Lieux variables, se renseigner auprès du Copenhagen Visitor Service (**B** A2).

Se baigner

À Havnebadet Islands Brygge (**B** C3), une piscine aménagée dans les eaux du port !

Danser

Certains week-ends, Det Kongelige Teater (**D** A2) se transforme en piste de danses de salon ou en scène de slam, et certains samedis matin on

peut assister aux répétitions du ballet (brunch en option à 95kr ou thé à 30kr) !

POUR **FAIRE DES ÉCONOMIES**

Vendredi soir

Le ticket du parc vous donne accès aux concerts de Tivoli sans supplément. Et il est gratuit avec la Copenhagen Card !

Manger à petits prix

À Torvehallerne (**A** B1), un marché aux légumes et un *food court* où manger à prix contenus. Ou chez Absalon (**E** D4), une église déconsacrée transformée en association, avec repas communautaires à 50kr et plein d'ateliers rigolos abordables (*absaloncph.dk*) !

La CPH Card

Tarif de 57 à 135€ (enfants 10-15 ans 28-67€). Valable de 24h à 120h. Elle donne accès à plus de 80 musées et attractions et aux transports en illimité. Un calculateur d'économie vous dit combien elle vous fait économiser !

→ www.copenhagencard.com

Utiliser les vélos municipaux

Le système de *bikesharing* local fonctionne très bien.

→ www.bycyklen.dk

Tarif 38kr/h

Billets à l'avance ou à la dernière minute

Pour fréquenter à petits prix des salles telles que le Muziekgebouw aan't IJ ! Les moins de 30 ans et les étudiants, notamment, accèdent à des invendus bradés 75 min avant le spectacle...

LOIN **DES FOULES**

Musées cachés

La ville compte plusieurs petits musées ou maisons-musées parfois oubliés, à tort ! Rendez-vous à Davids Samling (**F** E4) ou au Bakkehusmuseet (**E** B3) pour une visite au calme.

Quartiers résidentiels de charme

Pour croiser les Copenhaguois dans leur quotidien, enfourchez comme eux une bicyclette et arpentez les rues de Nordvest (hors plan **F** A1) et de Amager (hors plan **B** D4).

Petits villages colorés

Les maisons du canal de Christianshavn sont aussi colorées que celles de Nyhavn, en plus tranquilles. Découvrez aussi les rues rectilignes du Kartoffelrækkerne (les rangées de patates) au nord de Solvgade (**F** D3-E3), et une communauté au cœur de la ville Brumleby (**F** D1), sur Olufsvej.

Nature en pleine ville

Quelques oasis : Amager Fælled (**B** C6), Ørstedsparken (**A** A2) près de Nørreport, Østre Anlæg (**F** E3) près d'Østerport, et les lacs de Christiania (**D** C3).

Au coin des grosses artères commerçantes

Petites rues parallèles ou perpendiculaires : Saxogade et Tullinsgade (**E** D3) dans Vesterbro ; ou Læderstraede et Kompagnistræde (**A** D4) dans l'hypercentre.

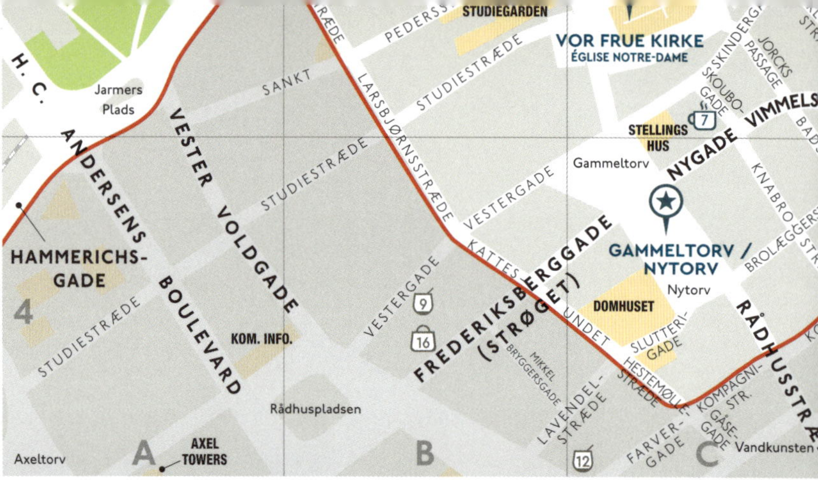

Højbro Plads / Kunsthallen Nikolaj

Rundetårn

★ Gammeltorv / Nytorv C4
L'"Ancienne" et la "Nouvelle Place", réunies depuis les incendies du XVIIIe s. en une immense esplanade piétonne. Au centre de Gammeltorv, une fontaine Renaissance surmontée par la figure de la Charité et en bordure de Nytorv, le Domhuset, austère palais de justice de C. F. Hansen. L'été, les terrasses de café colonisent le pavé, un joyeux lieu de rendez-vous !

★ Vor Frue Kirke C3
L'imposante cathédrale néoclassique de la ville, Notre-Dame, édifiée en 1829 par C. F. Hansen. Venant rompre le dépouillement de sa nef blanche et lumineuse, les 12 statues des apôtres se succèdent jusqu'au chœur, où trône, monumental, le *Christ* de Thorvaldsen.
→ Vor Frue Plads
Tél. 33 15 10 78 Tlj. 8h-17h

★ Universitet C3
Détour obligatoire par l'université (1836) pour son hall magistral : grotesques à l'antique peintes par C. F. Hansen et statues néoclassiques d'Athéna et Apollon par Bissen.
→ Vor Frue Plads Lun.-ven.

★ Gråbrødretorv D3
La place des Frères-Gris, véritable joyau que l'on découvre comme par magie dans un écrin de façades multicolores. Au centre, un arbre vénérable déploie son imposante silhouette, tandis que tables et parasols se disputent les pavés inégaux. Les façades baroques du XVIIIe s. donnent la réplique aux colombages, rescapés de plusieurs incendies.

★ Helligåndskirken D3
L'église du Saint-Esprit (1880), havre de paix au bord de la fourmillante Strøget. Dans le calme de ses travées, des businessmen se recueille un instant tandis que les touristes admirent les fonts baptismaux (1827) en marbre blanc de Thorvaldsen.
→ Niels Hemmingsens Gade 5
Tél. 33 15 41 44
Lun.-ven. 12h-16h, sam. 11h-13
***Messe** Dim. 10h (été), 11h (hive*

★ Højbro Plads / Kunsthallen Nikolaj E
Une des places les plus animées de la ville avec ses terrasses de café. Là se tenait jadis le grand marché de Copenhague, maraîchers sur la place, bouchers autour de l'églis et poissonniers le long du quai, Gammel Strand.

Gammeltorv / Nytorv

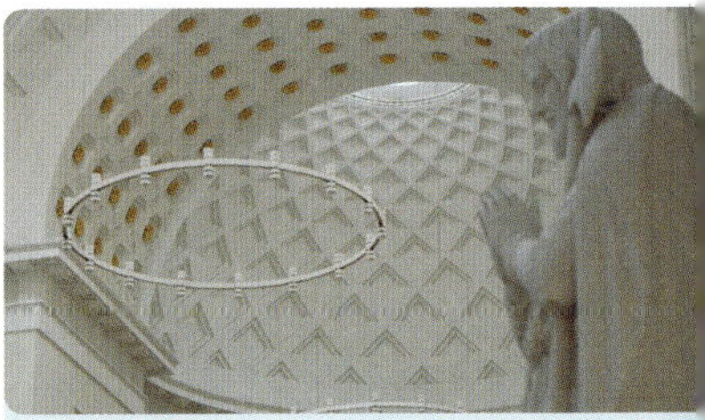

Vor Frue Kirk

A Indre By / Strøget

Grouillant de l'incessant va-et-vient des passants, la rue piétonne Strøget traverse la "ville intérieure", Indre By, cœur historique de la ville, et tire un trait d'union entre ses deux places principales, Rådhuspladsen et Kongens Nytorv. Alignement de boutiques, d'abord populaires, puis plus chics aux abords de Kongens Nytorv. Autour de l'université, l'âme du "quartier Latin" vibre encore dans les bars et cafés lovés en contrebas de vieilles maisons colorées, rendez-vous immuables des étudiants. À l'ouest, le calme du parc Ørsted contraste avec l'effervescence des nouvelles halles en verre, Torvehallerne.

Brdr. Price

Conditori La Gla

RESTAURANTS

Schønnemann D2 1
Depuis 1877, la sciure recouvre le plancher de cette auberge, car il était alors d'usage de cracher sur le sol ! Grand choix de harengs et de *smørrebrød*. Plat 80-190kr.
→ *Hauser Plads 16*
Tél. 33 12 07 85
Lun.-sam. 11h30-17h

Huks Fluks D3 2
On vient ici pour des propositions alléchantes, en portion tapas ou plat, à accompagner de bons vins : tartare de saumon et coriandre, gambas grillées aux poivrons, légumes racines... Et surtout on profite de la large terrasse sur la place pavée et piétonne des Frères-Gris, absolument idyllique ! Menu midi 150kr, soir 350kr, plat 90-135kr.
→ *Gråbrødretorv 8*
Tél. 33 91 92 93 Tlj. 11h-22h

Brdr. Price C1 3
Une adresse élégante pour se régaler sans se ruiner au café ou au restaurant. Salles chaleureuses et tables espacées. Bœuf Stroganoff, soupe de poissons, moules marinières. Plat 225-395kr (restaurant), 100kr (café).
→ *Rosenborggade 15*
Tél. 38 41 10 20 Tlj. 12h-15h30, 16h30-23h

Un Mercato B1 4
Derrière Torvehallerne, une petite structure en verre sur deux niveaux entourée d'une superbe terrasse avec tables et bancs. Spécialités italiennes et poulet rôti. Plat 135-250kr.
→ *Torvehallerne Frederiksborggade 19*
Tlj. 10h-23h
(oh sam. ; 22h dim.)

KöD Copenhagen F4 5
Le paradis des amateurs de viande ! Un *steakhouse* cosy à l'ambiance conviviale. Plat 175-565kr.
→ *Admiralgade 25*
Tél. 69 15 15 19
Tlj. 17h-21h (22h mer.-sam.)

CAFÉS

The Coffee Collective E3 6
Les producteurs de cafés livrent en direct des baristas passionnés... et les expressos sont réputés dans toute la ville !
→ *Kristen Bernikows Gade 2*
Tél. 60 15 15 25
Lun.-ven. 7h-20h, w.-e. 8h-19h

Norden

Hay

Torvehallerne

Conditori La Glace C3 (7)
Un café aux allures de maison de poupée très XIXe, temple du *lagkage*, crémeux gâteau danois à étages.
→ *Skoubogade 3*
Tél. 33 14 46 46
Pâques-sep. : lun.-sam. 8h30 (9h sam.)-18h ; oct.-Pâques : tlj. 8h30 (9h sam. ; 10h dim.)-18h

Kalaset A1 (8)
Ce café en sous-sol semble une incarnation du *hygge* ! On y trouve de quoi régaler toutes les envies : petit déjeuner, salades et sandwichs, burgers, gâteaux, thé, café et cocktails.
→ *Vendersgade 16*
Tél. 33 33 00 35
Dim.-ven. 10h-0h (17h dim.), sam. 9h30-0h

Et aussi
Place Amagertorv (**A** D3), deux cafés aux larges terrasses, où se donner rendez-vous :

Café Europa D3 (9)
Le plus élégant, derrière sa grande baie vitrée. Presse étrangère à disposition.
→ *Tél. 33 14 28 89 Lun.-sam. 7h45-23h, dim. 9h-22h*

Norden E3 (10)
Gâteaux appétissants.
→ *Tél. 33 11 77 91 Tlj. 9h-22h*

BARS, MUSIQUE

Ved Stranden 10 E4 (11)
Un précieux bar à vins aux nombreuses références servies au verre. Terrasse au bord de l'eau.
→ *Ved Stranden 10*
Tél. 35 42 40 40
Lun.-sam. 12h-22h

Bo-Bi Bar D2 (12)
Charme suranné dans ce bar 1930 tout de rouge vêtu. Intellectuels, écrivains et journalistes se mêlent aux habitués.
→ *Klareboderne 14*
Tél. 33 12 55 43
Tlj. 12h (14h dim.)-2h

Jazzhus Montmartre E2 (13)
Le club de jazz historique des années 1960-1970 a rouvert ses portes en 2010, et occupe à nouveau le devant de la scène !
→ *Store Regnegade 19A*
Tél. 70 20 20 96 ***Concerts*** *Mar.-dim. 19h ou 20h www.jazzhusmontmartre.dk*

Llama F3 (14)
À partir de 23h, quand ferment les cuisines, le meilleur restaurant latino de Copenhague se transforme en dance-floor animé ! Cocktails exquis.
→ *Lille Kongensgade 14*
Tél. 89 93 66 87
Tlj. 18h-0h (2h ven.-sam.)

SHOPPING

Hay House E3 (15)
Le savoir-faire danois en matière de design se retrouve ici : meubles, lampes, jouets, ustensiles... Le tout sur deux étages somptueux et lumineux, et à des prix plutôt raisonnables.
→ *Østergade 61*
Tél. 42 82 08 20 Lun.-sam. 10h-18h (17h sam.)

Companys E3 (16)
Choix éclectique dans cette grande vitrine de la mode féminine. Les marques internationales se mêlent aux créations scandinaves : Designer Remix, By Malene Birger...
→ *Østergade 27*
Tél. 33 14 20 41
Lun.-ven. 11h-19h, sam. 10h-17h, dim. 12h-16h

Royal Copenhagen D3 (17)
Estampillés par la maison royale, des objets pour la maison (Illums Bolighus), du verre (Holmegaard), de l'argenterie (Georg Jensen) et de la porcelaine (Royal Copenhagen). Le luxe !
→ *Amagertorv 6*
Tél. 33 13 71 81
Lun.-sam. 10h-19h (18h sam.), dim. 11h-16h

Lego Store D3 (18)
Des constructions en lego à taille humaine, et des distributeurs de pièces de tout type, de quoi amuser petits et grands.
→ *Vimmelskaftet 37*
Tél. 52 15 91 58
Lun.-sam. 10h-18h (19h ven.), dim. 11h-17h

A. C. Perch's D3 (19)
Des thés par dizaines dans cette petite boutique tenue par la même famille depuis 1835.
→ *Kronprinsensgade 5*
Tél. 33 15 35 62 Lun.-sam. 9h-17h30 (18h ven. ; 17h sam.) Perchs Tea Room Lun.-sam. 10h-17h30 (17h sam.)
Perchs Tea Room *Lun.-ven. 11h30-17h30, sam. 11h-17h*

Torvehallerne B1 (20)
Ces superbes halles transparentes abritent une myriade de commerces et de cafés. Poissons frais, spécialités danoises, italiennes, japonaises... Marché aux légumes à l'extérieur.
→ *Frederiksborggade 21*
Tlj. 10h-19h (18h w.-e.)
www.torvehallernekbh.dk

Hallernes Smørrebrød
Dans le hall 1, délicieux *smørrebrød* à accompagner d'un verre de vin blanc... Idéal pour un pique-nique à l'Ørstedsparken voisin.
→ *Tél. 60 70 47 80*

Universitet

Gråbrødretorv

Helligåndskirken

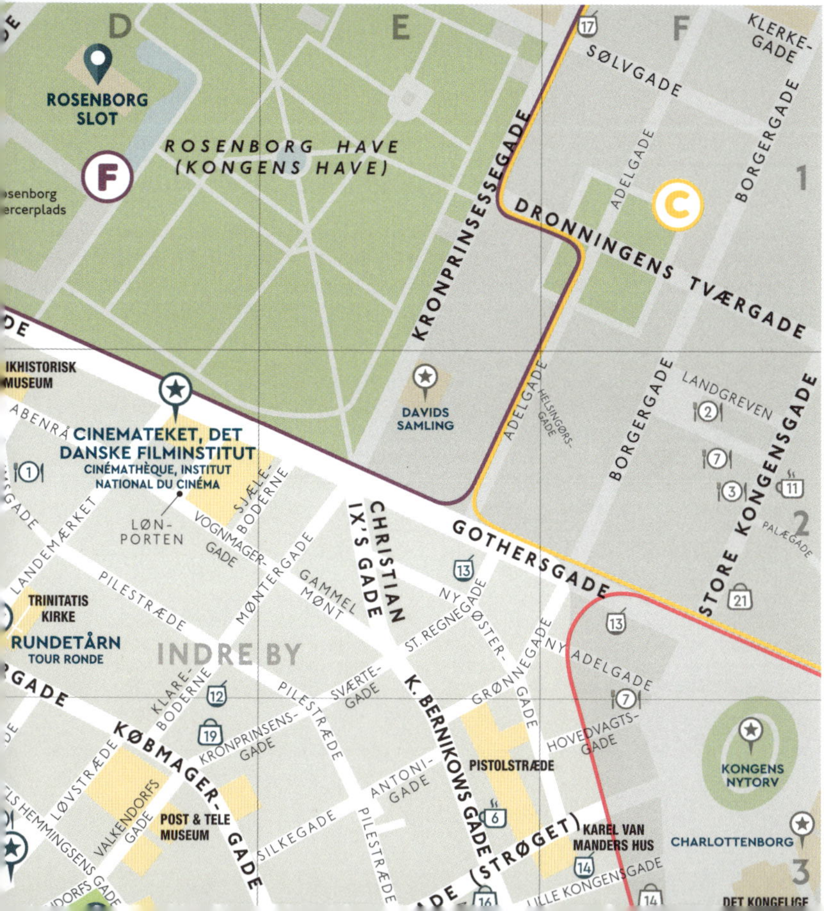

ateket, Det Danske Filminstitut

Arbejdermuseet

Ørstedsparken

centre, le fougueux salon, évêque fondateur la ville, figé dans bronze. À visiter, leux pas, l'ancienne lise Sankt Nikolaj (tour 1591), devenue centre ırt contemporain (avant-rde expérimentale).
Nikolaj Plads 10
33 18 17 80 Mar.-dim.
-18h (17h w.-e.) www.
olajkunsthal.dk Tarif 115kr
ite guidée (13h, 15h) 50kr.

Rundetårn D2
e tour-clocher unique son genre, conçue par ristian IV en 1642 pour pporter un observatoire ronomique, toujours activité ! Sa rampe circulaire permettait d'acheminer les instruments d'astronomie jusqu'au sommet, à 35 m de haut. De là, fantastique vue panoramique. À voir : les expositions dans l'ancienne bibliothèque au 1er étage et dans l'église Trinitatis attenante, au chœur exubérant (XVIIIe s.).
→ *Købmagergade 52a*
Tél. 24 22 71 27 ***Tour*** *Mai-sep. : tlj. 10h-20h ; oct.-avr. : tlj. 10h-18h (21h mar.-mer.)* ***Observatoire*** *Certains jours, consulter le site www.rundetaarn.dk Tarif 10kr.*

★ Cinemateket, Det Danske Filminstitut D2
Splendide ensemble architectural, reflet de la passion danoise pour le 7e art : salles de projection, vidéothèque, bibliothèque, siège de l'Institut national, librairie et café. Pour les amoureux du cinéma danois, de Vinterberg (*Festen*) à Lars von Trier (*Dancer in the Dark*). Programmation thématique.
→ *Gothersgade 55*
Tél. 33 74 34 00 Mar.-ven. 9h-22h, w.-e. 10h45-22h (19h30 dim.) www.dfi.dk

★ Arbejdermuseet B1
Ce musée témoigne du destin de la classe ouvrière depuis 150 ans. Quatre expositions permanentes évoquent la vie quotidienne et familiale ainsi que l'évolution industrielle au Danemark : affiches de syndicats, reportages filmés de manifestations, etc. Expositions temporaires. Voir aussi le café de style 1900.
→ *Rømersgade 22*
Tél. 33 93 25 75 Tlj. 10h-17h

★ Ørstedsparken A2
Délicieux jardin romantique et vallonné, dont les chemins épousent les courbes du lac creusé dans le fossé des anciennes fortifications. Un parcours agrémenté de fleurs exotiques et de sculptures depuis 1879.

Den Sorte Diamant

BLOX

Thorvaldsens Museum C1
Le bâtiment, inspiré par l'Antiquité gréco-romaine, exalte l'œuvre du grand sculpteur national Thorvaldsen (1770-1844), qui séjourna 40 ans à Rome. À l'extérieur, une frise sur trois façades raconte le retour de l'artiste dans sa patrie, en 1830. À l'intérieur, les couleurs puissantes (ocre, vermillon, bleu, etc.) des salles en enfilade et les mosaïques et grotesques subliment les marbres blancs de l'artiste.
→ Bertel Thorvaldsens Plads 2 Tél. 33 32 15 32 Mar.-dim. 10h-17h Tarif 90kr (gratuit mer.)

★ **Christiansborg Slot** C1
Le siège unique du pouvoir politique depuis plus de 800 ans, une exception en Europe. Résidence royale jusqu'à l'incendie de 1795, la 6e reconstruction néo-baroque du château (1928) accueille le Folketinget (chambre parlementaire), les bureaux du Premier ministre et les appartements royaux réservés aux grandes réceptions. Fondations de la première forteresse (1167) très impressionnantes et vue imprenable du haut de la tour (*tårnet*).
→ Tél. 33 92 64 92 Mai-sep. : tlj. 9h-17h ; oct.-avr. : mar.-dim. 10h-17h Certaines salles suivent des horaires plus restreints Tarif 160kr

★ **Børsen** D1
Une stupéfiante flèche en spirale, formée des queues entrelacées de quatre dragons, couronne la Bourse, commandée et conçue en partie par Christian IV en 1642 dans le style Renaissance hollandaise.

★ **Den Sorte Diamant** D2
Extension de la Bibliothèque royale achevée en 1999, le "Diamant noir" de Schmidt, Hammer et Lassen est taillé dans le verre et le granit, et posé au bord de l'eau...
*→ Søren Kierkegaards Plads 1 Tél. 33 47 47 47 Juil.-août : lun.-ven. 8h-20h, sam. 9h-18h sep.-juin : lun.-sam. 9h-19h (18h sam.) **Expositions** Lun.-sam. 10h-18h Tarif 60kr*

★ **BLOX** C2
Un bâtiment en verre vert e transparent (2018) de Rem Koolhaas accueille le Centr danois d'architecture et se expositions, ainsi que des espaces de co-working, un restaurant avec terrasse, et
→ Bryghuspladsen Tél. 32 57 19 30 Tarif 110kr

Nationalmuseet C2
Dans le palais du Prince (Eigtved, 1744), "le" musée de la civilisation danoise : collections du paléolithiqu

Thorvaldsens Museum

Christiansborg Slot

Børsen

B

Tivoli / Slotsholmen / Kalvebod Brygge

Séparé des charmantes rues piétonnes d'Indre By par le canal, l'îlot de Slotsholmen abrite le cœur politique et économique de la capitale, avec le château de Christiansborg – siège du Parlement et du gouvernement – et la Bourse. À l'ouest s'affiche la sobre élégance de deux illustres musées nationaux : la Ny Carlsberg Glyptotek et le Nationalmuseet. Tout proche, l'exubérant Tivoli, légendaire parc d'attractions, répond à la place de l'Hôtel-de-Ville, Rådhuspladsen, aux airs de Times Square lorsque s'éclairent ses vives enseignes publicitaires. Plus au sud, les architectes laissent libre cours à leur créativité !

Marv & Ben

Krog

RESTAURANTS

Tivoli Food Hall A2 ①
Le *food court* dans toute son essence : 15 stands proposant viennoiseries et toasts, *smørrebrød*, sushis, burgers & cocktails, *healthy food*, tapas... En-cas à partir de 60kr, plat à partir de 100kr.
→ Vesterbrogade / Bernstorffsgade 3
Tél. 33 15 10 01 Tlj. 11h-23h

Kanal Caféen C2 ②
Autrefois, seuls les pêcheurs venaient se soûler dans ce café en contrebas de la rue où l'on déjeune désormais de *smørrebrød* entre de vieilles maquettes de bateaux. Tellement danois ! *Smørrebrød* 66-129kr.
→ Frederiksholms Kanal 18
Tél. 33 11 57 70 Lun.-sam. 11h30-17h (15h sam.)

Tårnet D1 ③
Déjeuner ou dîner dans la tour du château de Christianborg ! Ici, la gastronomie est danoise, comme il se doit, mais revisitée : hareng de Bornholm, lieu mariné, *smørrebrød* et pâtisseries fines. Vue magnifique. Réserver. Menu (soir) 515kr, *smørrebrød* (midi, en compter 2) 105-135kr.
→ Christianborg Slot Prins Jørgens Gård 1
Tél. 28 10 14 02
Mar.-sam. 11h30-16h30, 17h30-23h ; dim. 11h30-16h

Marv & Ben C1 ④
Un resto à la cuisine inspirée : foie de volaille, rhubarbe et pomme de terre ; langue de veau, pomme et betterave... Les plats sont servis en petites portions pour composer à loisir un menu varié (4-5 services). Menu 600kr, plat 110-145kr.
→ Snaregade 4
Tél. 23 81 02 91 Lun.-sam. 17h30-22h (23h ven.-sam.)

Krogs C1 ⑤
Une véritable institution, rendez-vous des amateurs d'une cuisine iodée de haute volée depuis 1910. Nappes blanches et chandeliers, grands crus. Menu 495-795kr, plat 135-265kr.
→ Gammel Strand 38
Tél. 33 15 89 15
Lun.-sam. 11h30-15h, 17h-22h

CAFÉS

Kafe Kys C1 ⑥
L'alignement des vélos aux abords du café donne le ton : jeune, central, sympa et toujours bondé !
→ Læderstræde 7
Tél. 33 93 85 94

Kafe Kys

Havnebadet Islands Brygge

Randers Handsker

Lun.-sam. 9h15-22h (23h mer.-jeu. ; 2h ven.-sam.), dim. 10h30-22h

Kayak Bar D1 7
Au bord de l'eau, sous le pont Knibbelsbro, le Kayak Bar propose des déjeuners sur le pouce ou des soirées gourmandes. La spécialité ? Les moules frites ! Ponton flottant en été et sauna en hiver.
→ *Børskaj 12 Tél. 30 49 00 13*
Mai-sep. : tlj. 10h-oh (2h ven.-sam.) ; oct.-avr. : mer.-sam. 14h-22h (1h ven.-sam.), dim. 10h-15h

Ruby C1 8
Un temple du cocktail aux canapés Chesterfield. On se croirait dans son salon !
→ *Nybrogade 10*
Tél. 33 93 12 03
Tlj. 16h (18h dim.)-2h

Brewpub B1 9
Quatorze bières danoises et internationales, dont certaines brassées sur place. En été, la cour, avec ses parasols, est l'endroit idéal pour se détendre. Menu soir 295-420kr, plat midi 90-165kr.
→ *Vestergade 29*
Tél. 33 32 00 60 Lun.-sam. 12h-oh (2h ven.-sam.)

Café Aristo C3 10
Sur les pavés à fleur d'eau, les tables côtoient presque les serviettes de plage et les transats de la piscine d'Islands Brygge ! Menu soir 275-450kr, plat 155-200kr.
→ *Islands Brygge 4*
Tél. 32 95 83 30
Tlj. 11h30 (12h w.-e.)-22h

Café Langebro C3 11
De la grande terrasse du Café Langebro, vous pourrez admirer une partie du centre-ville en sirotant votre bière. Large sélection danoise et étrangère à la pression. Une ambiance hors du temps.
→ *Islands Brygge 1*
Tél. 32 95 85 91 Tlj. 11h-1h (2h jeu. ; 3h ven.-sam. ; 23h dim.)

BARS, MUSIQUE

Oscar Bar Café
B1 12
L'un des cafés-bars gay parmi les plus tendance de la ville ! Les jeunes habitués y défilent à partir de 18h. Musique *lounge* et DJ les ven. et sam. de 22h jusqu'à 2h (avr.-déc.). Brunch 115kr, plat 79-159kr.
→ *Regnbuepladsen 7*
Tél. 33 12 09 99
Tlj. 11h-23h (2h ven.-sam.)

Mojo Blues Bar
B1 13
Les *blues men* font vibrer tous les soirs les murs de ce club mythique de Copenhague.
→ *Løngangstræde 21C*
Tél. 33 11 64 53 Tlj. 20h-5h
www.mojo.dk

Club Mambo B2 14
Atmosphère brûlante dans cette boîte de nuit latino où l'on se déhanche sur des rythmes salsa et *merengue* après un cours de danse désinhibant !
→ *Vester Voldgade 85*
Tél. 33 11 97 66
Ven.-sam. 22h-5h

PISCINE

Havnebadet Islands Brygge C3 15
Signée par l'agence Plot, une piscine posée sur les eaux du port de la ville ! Gradins en bois splendides, plongeoir en forme de proue, et propreté des eaux garantie : les Copenhaguois l'ont adoptée. Entrée gratuite.
→ *Islands Brygge 14*
Tél. 30 89 04 69
15 mai-15 sep. : tlj. 24h/24
Maître-nageur : juin-août tlj. 10h 18h

SHOPPING

Randers Handsker
B1 16
Le meilleur du gant, produit depuis 1811 par la fabrique royale. Laines, cuirs, peaux retournées... Multitude de formes et de couleurs à assortir selon son humeur.
→ *Frederiksberggade 36*
Tél. 31 19 09 98
Lun.-ven. 11h-17h30 (18h ven.), sam. 10h-15h

Strædet C1 17
Deux rues tout indiquées pour un shopping alternatif. Dans Læderstræde, au n° 14, **Pullover Factory** (pulls de toutes les couleurs), au n° 16, **Englebørn** (vêtements pour enfants signés Mads Nørgaard), et dans Kompagnistræde, au n° 20, **Dansk Håndværk** (céramiques).
→ *Kompagnistræde, Læderstræde*

Complete Me C1 18
Maquillages et crèmes danois, massage nordique ou massage des pieds, parfait après le shopping !
→ *Kompagnistræde 21*
Tél. 33 12 34 50 Lun.-ven. 11h-18h, sam. 10h-14h

Retrograd C4 19
Derrière ses fenêtres en contrebas du trottoir, cette brocante recèle des trésors design : bols et tasses en porcelaine colorés.
→ *Gunløgsgade 7*
Tél. 22 41 46 57
Lun. 13h-19h, jeu.-sam. 12h-19h (17h sam.)

Nationalmuseet

Københavns Rådhus

Tivoli

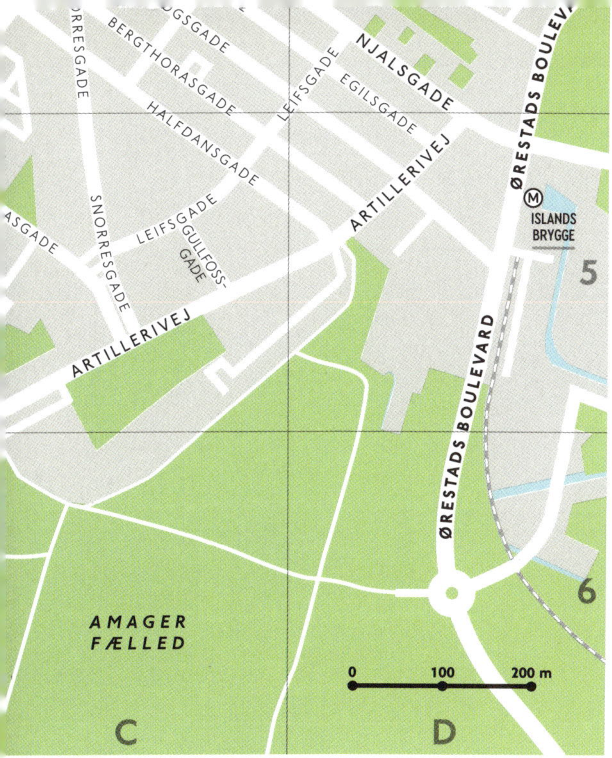

Ny Carlsberg Glyptotek

Kalvebod Bølge

XIXe s., en passant par
ge du bronze, les Vikings
es croisades. Chefs-
euvre universels : le char
Soleil (l'astre tiré par
e monture divine, 1400
J.-C.) et le chaudron de
ndestrup (pour libations
elles, Ier s. av. J.-C.).
Ny Vestergade 10
33 13 44 11
r.-dim. 10h-17h Tarif 100kr

Københavns useum B2
musée de la Ville retrace
stoire de København, le
it "port de marchands"
venu capitale.
Stormgade 18 Tél. 21 76 43 66
.-ven. 8h30-18h (22h jeu.),
e. 10h-17h

★ Københavns Rådhus B1
Construit par Nyrop (1905), l'imposant hôtel de ville a des accents siennois. Au sommet de sa tour (107 m), panorama à 360° sur la ville. À voir aussi : l'horloge astronomique (1955) d'Olsen et le hall immense, absolument majestueux.
→ *Rådhuspladsen 1 Tél. 33 66 25 86* ***Hôtel de ville et horloge*** *Lun.-ven. 9h-16h, sam. 9h30-13h* ***Visites guidées*** *Lun.-ven. 13h, sam. 10h Visite guidée 60kr* ***Tour*** *Lun.-ven. 11h, 14h ; sam. 12h Tarif 40kr*

Tivoli A2
Ce parc d'attractions enchante les Danois depuis 1843 ! Dans ce coin de paradis : galerie des Glaces, concerts, *commedia dell'arte*, pagode chinoise, parterres de tulipes de Hollande… éclairés la nuit par des milliers de lampions.
→ *Tél. 33 15 10 01 Mi-oct.-début nov., mi-nov.-déc., mi-mars-fin sep. : tlj. 11h-23h (0h ven.-sam.)*

Ny Carlsberg Glyptotek B2
Antiquités égyptiennes, grecques, romaines, mais aussi sculptures et peintures danoises… L'un des plus beaux et des plus grands musées du pays à l'intérieur subtil et raffiné, fondé par la famille Jacobsen (des bières Carlsberg) en 1897. Délicieux jardin d'hiver où paresser et aile aux lignes très pures élevée par Henning Larsen (1996) pour l'art moderne français (Degas, Monet, Van Gogh).
→ *Dantes Plads 7 Tél. 33 41 81 41 Mar.-dim. 10h-17h (21h jeu.)*

★ Kalvebod Bølge C3
Une incroyable promenade en chêne, suspendue au-dessus des flots, rampe de lancement de plongeons et de séances de bronzage ! À vélo, pousser jusqu'à Bryggebroen en passant par Cykelslangen, "pont serpent" à la piste rouge zigzaguant au milieu des buildings.

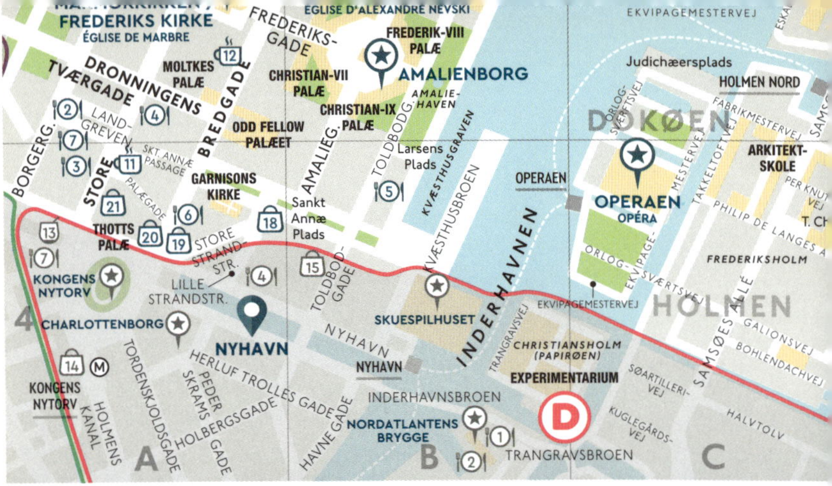

D. K. Afstøbningssamling

Kastellet

★ Amalienborg B3
Chef-d'œuvre d'Eigtved, quatre palais rococo (1750-1760) face à face sur l'une des places les plus nobles et majestueuses d'Europe, cadre somptueux de la relève quotidienne de la garde (12h). Le *dannebrog*, drapeau chéri des Danois, flotte au-dessus du palais Schack (sud-est) lorsque la reine Margrethe y réside. Le palais de Christian VIII abrite la collection royale des Oldenbourg (1863-1972).
→ Christian VIII Palæ Tél. 33 15 32 86 Juin-août : tlj. 10h-17h ; mai, sep.-oct. : tlj. 10h-16h ; nov.-déc. : mar.-dim. 11h-16h ; jan.-avr. : mar.-dim. 10h-15h

★ Marmorkirken / Frederiks Kirke A3
L'"église de Marbre" n'a de marbre que le premier quart de ses murs ! Trop coûteux, les travaux entamés sous Frédéric V furent interrompus... et achevés en 1894. Du sommet de la fabuleuse coupole, inspirée de Saint-Pierre de Rome, vue sur la ville et la mer.
→ Frederiksgade 4 Tél. 33 15 01 44 Tlj. 10h (12h ven., dim.)-17h

★ Alexander Nevskij Kirke A3
La seule église orthodoxe russe du pays, au style moscovite du XVIIe s., cadeau d'Alexandre III à sa femme, fille de Christian IX. Ses dômes dorés scintillant au soleil contrastent avec la pénombre de sa nef qui dissimule une superbe iconostase et une icône de la *Vierge pleureuse*.
→ Bredgade 53 Tél. 29 61 39 08 Lun.-mar., jeu.-ven. 11h-17h environ ; mer. 11h30-13h30 ; sam. 16h30-19h30 ; dim. 9h30-12h30

★ Designmuseum Danmark B3
Le musée des Arts décoratifs, logé dans l'ancien hôpital de Frédéric V, de pur style rococo (Eigtved, 1757). Autour du délicieux jardin où il fait bon s'attard[er] l'été, collections orientales, européennes du Moyen Âg[e] à nos jours et, surtout, une très intéressante expositio[n] permanente sur le design danois. Textiles et mode également.
→ Bredgade 68 Tél. 33 18 56 5[6] Avr.-oct. : mar.-dim. 10h-18h (21h mer.) ; nov.-mars : mar.-dim. 11h-17h (21h mer.)

★ Nyboder A3
Adorable ensemble de maisons aux éclatants murs ocre, érigé en 1631 par Christian IV pour loger les équipages de la marine royale et leurs familles. Aujourd'hui, les "Nouveaux Baraquements" comptent

Amalienborg

Marmorkirken / Frederiks Kirke

C

Frederiksstaden / Langelinie / Refshaleøen

Lumineux, le palais royal d'Amalienborg donne ses quartiers de noblesse à Frederiksstaden, la "ville de Frédéric" (XVIIIe s.). Le long de Bredgade et de Store Kongensgade se succèdent galeries d'art et façades élégantes. La promenade au fil de l'eau bute au nord sur Kastellet, l'austère citadelle. Plus loin, la mer et le port reprennent leurs droits, et la Petite Sirène semble bien fragile, le regard perdu vers le large. De l'autre côté du bras de mer, le petit archipel de Holmen arbore sur l'une de ses îles l'audacieuse silhouette de l'Opéra, tandis que les autres sont en plein développement, avec pour figure de proue, CopenHill (2019), à la fois incinérateur de déchets et piste de ski !

Reffen

Mas

RESTAURANTS

Reffen – Copenhagen Street Food D2 (1)
Les cuisines occupent des conteneurs réaménagés, de grands tablées bordent la mer : et l'on choisit entre une cinquantaine de stands de cuisines danoise, africaine, mexicaine... adepte du dogme *"reduce & reuse"* !
→ Refshalevej 167A
Fin mars-oct. : tlj. 12h-20h

Gasoline Grill A3 (2)
Une station essence transformée en repaire de *hispters* accrocs aux hamburgers ! Deux petites tables dehors et puis c'est tout. Burger 80kr.
→ Landgreven 10
Tlj. à partir de 11h

Restaurant Vita A4 (3)
Seuls les plafonds sans âge rappellent qu'ici se tenait jadis la pharmacie royale. Aujourd'hui un des rares lieux où l'on peut dîner tard en se régalant d'un *Gammeldags Andesteg*, canard rôti à l'ancienne. Midi *smørrebrød* 75kr, plat 120-198kr.
→ Store Kongensgade 25
Tél. 33 11 80 11
Tlj. 11h30-1h (3h mer.-jeu. ; 5h ven.-sam. ; 23h dim.)

Rebel A3 (4)
Saumon des îles Féroé, orange amère, oignons ; morue frite, carottes, herbes ; tartare de bœuf, pickles, cresson : ou le lexique du parfait bistrot gastro ! Menu 550-1450kr, plat 125-175kr.
→ Store Kongensgade 52
Tél. 33 32 32 09
Mar.-sam. 17h30-22h

Restaurant Salt B4 (5)
Dans un bel entrepôt de 1787 à la terrasse ouverte sur le port, un menu gastronomique danois inspiré par la mer. Menu 350-575kr, plat 150-275kr.
→ Toldbodgade 24-28
Tél. 33 74 14 44
Tlj. 12h-22h

Mash A4 (6)
L'endroit pour déguster de belles pièces de bœuf grillées (origine : Australie ou Nebraska), soit au grand bar design côté rue, soit dans la salle aux allures de *diner*-cave à vins côté cour. Carte de vins américains. Plat 175-995kr.
→ Bredgade 20 Tél. 33 13 93 00
Lun.-sam. 12h-15h, 17h-23h ; w.-e. 17h-11h

Koefoed A3 (7)
Petit voyage culinaire dans l'île danoise de Bornholm : tous les produits en sont originaires. Une gastronomie traditionnelle savoureuse à déguster dans l'entresol voûté aux

Café Oscar

Bitte Kai Rand

Klassik

murs blancs. *Smørrebrød* 95-175kr, plat 195-245kr.
→ *Landgreven 3 Tél. 56 48 22 24 Mar.-sam. 12h-16h, 17h30-22h*

Spisehuset 56° D3 (8)
Invitation au *hygge* dans cet ancien entrepôt de l'armée : intérieur à la fois brut et douillet, éclairage tamisé... La cuisine fait la part belle au poisson. À l'écart des sentiers battus, mais incontournable. Menu 400-1 500kr.
→ *Krudtløbsvej 8 Tél. 31 16 32 05 Jeu.-sam. 12h-16h, 18h-0h ; dim. 12h-16h*

noma D3 (9)
Le mondialement connu René Redzepi a finalement rouvert sa table à Copenhague en 2018 ! Pour goûter à ses extravagances composées exclusivement de produits locaux (Danemark, Islande, îles Féroé), baies sauvages, fleurs, coquillages, etc. réserver... très longtemps à l'avance. Menu 2 800kr.
→ *Refshalevej 96 Tél. 32 96 32 97 Mar.-sam. 17h-23h www.noma.dk*

CAFÉS

Kafferiet B3 (10)
Un minuscule café à la devanture vert anis, devenu le point de départ de la promenade de Kastellet : cappuccino, *macchiato*, *ristretto*, moka... à emporter sur les remparts.
→ *Esplanaden 44 Tél. 30 66 90 50 Tlj. 7h30 (9h30 w.-e.)-18h*

Café Blå Time A4 (11)
Dans un décor nostalgique de Paris, journalistes, acteurs et intellectuels se retrouvent pour lire le journal ou discuter au calme. Cappuccino et tarte au citron à goûter à tout prix !
→ *Store Kongensgade 36 Tél. 33 15 35 72 Lun.-ven. 8h-21h, w.-e. 9h-20h*

Mormors A3 (12)
Salon de thé à la déco kitsch et nostalgique des épiceries de nos grands-mères : étagères en bois, cloches à gâteaux...
→ *Bredgade 45 Tél. 33 16 07 00 Tlj. 8h30 (10h w.-e.)-17h*

Café Oscar B3 (13)
Entre Amalienborg et Kastellet, un bistrot classique, à l'impressionnant comptoir matelassé de cuir. Brunch tous les jours entre 12h et 14h. *Smørrebrød* 79kr, plat 119-198kr.
→ *Bredgade 58 Tél. 33 12 50 10 Tlj. 10h-22h*

Klint Designmuseets Café B3 (14)
La cafétéria du musée des Arts décoratifs, spacieuse et parée de meubles signés Hans Wegner et Poul Kjærholm. L'été, terrasse dans le délicieux jardin !
→ *Bredgade 68 Tél. 33 18 56 86 Avr.-oct. : mar.-dim. 10h-18h (21h mer.) ; nov.-mars : mar.-dim. 11h-17h (21h mer.)*

Toldboden C2 (15)
Un café-restaurant posé sur les quais ! Brunch le w.-e., et pour les beaux jours, barbecue et transats au bord de l'eau.
→ *Nordre Toldbod 18-24 Tél. 33 93 38 28 Avr.-sep. : lun.-ven. 10h-21h (23h ven.), sam. 11h-16h30, dim. 9h30-17h ; oct.-mars : lun.-ven. 11h-17h (0h ven.), w.-e. 9h30-0h (17h dim.)*

BAR, CLUB

Borgerkroen A3 (16)
"L'Auberge du citoyen" est un bistrot typiquement danois, rendez-vous de la jeunesse locale avant de continuer la fête en ville. Prix raisonnables.
→ *Borgergade 132 Tél. 33 13 96 63 Tlj. 10h-0h (2h mar.-mer. ; 4h jeu. ; 5h ven.-sam.)*

Culture Box A3 (17)
"Le" club électro alternatif de la ville : soirées de *dance* expérimentale, mais aussi DJ de renommée internationale.
→ *Kronprinsessegade 54 Tél. 33 32 50 50 Ven.-sam. 23h-dernier client*

SHOPPING

Bitte Kai Rand A4 (18)
Une mode de grande classe, chic et confortable pour toutes les femmes, minces ou généreuses. Lin, soie, dans des nuances subtiles et délicates...
→ *Lille Strandstræde 22 Tél. 33 11 99 30 Lun.-sam. 10h-18h (15h sam.)*

kira-cph.com A4 (19)
L'architecte et artiste Kira Wickstrøm Polack présente dans cette boutique aux couleurs pétillantes ses créations textiles et des trouvailles ramenées de ses voyages.
→ *Store Strandstræde 5 Tél. 23 72 96 48 Mar.-ven. 13h-17h30, sam. 11h-15h*

Klassik A4 (20)
Des meubles modernes et raffinés datant de l'âge d'or du design danois : Hans Wegner, Arne Jacobsen, Kaare Klint, Bodil Kjær et bien d'autres...
→ *Bredgade 3 Tél. 33 33 90 60 Lun.-ven. 11h-18h (16h sam.)*

Susanne Juul A4 (21)
Des chapeaux à en perdre la tête ! Ronds, pointus, cloches, au crochet, en laine, en fourrure... Par une ancienne costumière du Théâtre royal.
→ *Classensgade 50C Tél. 33 32 25 22 Mar.-ven. 11h-17h30 (18h ven.), sam. 10h-14h*

Alexander Nevskij Kirke

Designmuseum Danmark

Nyboder

Den Lille Havrue

Operaen

CopenHill

rmi les plus prisés
la capitale avec
rs rues pavées
eur charme du passé.

Den Kongelige støbningssamling B3
r les quais, derrière
murs épais de l'entrepôt
la Compagnie des Indes
entales (1781),
collection royale
moulages recèle
s de 2 000 plâtres :
iatides, cupidons,
valiers, gargouilles
évêques. Figés pour
ernité sur fond de mer,
visages et les corps
itent à un irréel voyage
ns le temps et à travers
continents.

→ Toldbodgade 40
Tél. 33 74 84 84 Visite sur rdv ou événements exceptionnels

★ Kastellet B2
Entourée de fossés, la citadelle, en forme d'étoile à cinq branches, fut la clé des fortifications de la ville. Bâtie selon les théories de Vauban (XVIIe s.), c'est la plus vieille base militaire européenne en activité. Seules les silhouettes des sentinelles, joggeurs et autres promeneurs sillonnant le chemin de ronde atténuent l'austérité des lieux. À visiter, l'église baroque qui jouxtait la prison.
→ Langelinie Tél. 22 23 13 53 Tlj. 6h-22h ; hiver : tlj. 6h-20h

Den Lille Havfrue C2
La Petite Sirène, fille du roi de la mer, échangea sa jolie voix contre un corps de femme pour gagner le cœur du prince qu'elle aimait. Muette, elle assista aux noces de son bien-aimé avec une autre et en mourut. La fragile et délicate effigie du pays (1913), née de la plume d'Hans Christian Andersen et courtisée par une foule de visiteurs, demeure à jamais le regard perdu dans l'étendue marine.

★ Operaen C4
Cadeau de l'armateur Mærsk Møller, un Opéra (2005) aux lignes courbes et géométriques. Œuvre de Henning Larsen, tout en verre, feuille d'or et marbre, il dégage une vue imprenable sur la ville et le port.
→ Ekvipagemestervej 10
Tél. 33 69 69 69 ***Visites guidées*** *Horaires variables*
www.kglteater.dk

★ CopenHill E3
Ski en toute saison, café perché, escalade, randonnée... S'agit-il d'une escapade hors de la ville ? Non, d'une excursion sur le toit de l'usine de valorisation des déchets (BIG, 2019), qui produit chauffage et électricité !
→ Vindmøllevej 6 Lun.-ven. 12h-20h, w.-e. 10h-20h (18h dim.)

Christianshavn Kanal

Christiania

Vor Frelsers Kir

★ **Kongens Nytorv** A2
Dessinée en 1680 sous Christian V, dont la statue veille toujours au milieu, la “Nouvelle Place du Roi” est le centre névralgique de la ville, alignant d’élégants édifices : Théâtre royal, Hôtel d’Angleterre, Magasin du Nord, palais Thott, de style baroque hollandais, où loge l’ambassade de France.

★ **Charlottenborg** B2
Le palais (1672) de la reine mère Charlotte Amélie devint à sa mort l’Académie royale des beaux-arts. Au fond de la cour, le bâtiment de briques rouges accueille d’importantes expositions d’art contemporain.
→ Nyhavn 2 Tél. 33 74 46 39
Mar.-ven. 12h-20h, w.-e. 11h-17h

📍 **Nyhavn** B2
Le “Nouveau Port”, canal percé en 1671 par des architectes hollandais pour faciliter le transport des marchandises. Jadis les quais alignaient bouges, tripots et lupanars au pied des maisons de négoce, devenues, avec leurs couleurs vives, parmi les lieux les plus charmants… et les plus courus de la ville !

★ **Skuespilhuset** C2
Depuis 2008, une scène pour le théâtre, complétant avec le Det Kongelige (ballet) et l’Operaen (**C** C4) (Opéra) l’offre du Théâtre royal. Édifice dessiné par le cabinet danois Lundgaard & Tranberg, en trois actes : une tour “cube” massive parée de cuivre, dominant un long foyer en verre tourné vers le port, le tout prolongé par une promenade en bois sur pilotis. Café et restaurant.
→ Sankt Annæ Plads 36
Tél. 33 69 69 69 Mar.-dim. 10h-21h (17h dim.) ***Billetterie par tél.*** *Lun.-ven. 9h30-16h* ***Visites guidées*** *Horaires variables www.kglteater.dk*

★ **Nordatlantens Brygge** C2
Expositions sur la culture des îles de l’Atlantique Nord et du Groenland, province autonome danoise. Ne pas manque sur le quai, la *Cosmic Roo* (2002), igloo multicolore signé Tróndur Paturssons
→ Strandgade 91
Tél. 32 83 37 00
Tlj. 10h (12h w.-e.)-17h

★ **Christianshavns Kanal** C2
Une dense activité négociante régnait jadis le long de ce joli canal de style hollandais. Maisons et entrepôts du XVIIe s. on échappé aux incendies.

📍 **Christiania** C3
1971, un groupe de hippi investit un ancien terrain militaire afin de créer une

Kongens Nytorv

Charlottenborg

D

Nyhavn / Christianshavn

Kongens Nytorv, place royale parée de nobles palais, s’ouvre sur Nyhavn, le “Nouveau Port”. Là, derrière les façades multicolores, se dégustent bière, schnaps et harengs, tandis que touristes et marins de cœur arpentent les quais où tanguent les vieux bateaux. Soufflant d’un port à l’autre, traversant le bras de mer, le vent balaie les pavés de Christianshavn et fait claquer les haubans. Cet îlot de terre dégage le charme tranquille des ports néerlandais, avec son canal bordé de maisons du XVIIe s. Il a donné naissance, sur un ancien terrain militaire, à Christiania, la célèbre “ville libre”.

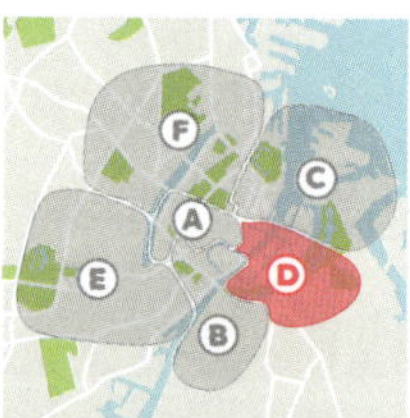

Cap Horn

Restaurant Kana

RESTAURANTS

Broens Gadekøkken C2 (1)
Un grand marché de *street food* à ciel ouvert où retrouver les petits plats d’adresses reconnues comme Gasoline Grill ou The Coffee Collective.
→ Strandgade 95
Tél. 33 93 07 60 Avr.-déc. : tlj. 11h30-21h (oh ven.-sam.)

Naervaer C2 (2)
Naervaer (“présence” en danois) s’offre une place de choix sur le port de Copenhague, avec une splendide vue sur Nyhavn et le Kyssebroen. Fondé par le chef franco-danois Yves Christian-François Le Lay, ce bar à vin-restaurant fait la part belle au poisson et aux fruits de mer. Plat 115-165kr.
→ Strandgade 87 E
Tél. 77 30 12 11 Tlj. 10h-22h (23h mer.-jeu. ; oh ven.-sam.)

Spiseloppen C3 (3)
Au cœur de Christiania, longues tablées dans un ancien baraquement militaire. Fonctionnement associatif et carte-surprise au gré de l’inspiration des cuistots du monde entier. Plat 140-275kr.
→ Bådsmandsstraede 43
Tél. 32 57 95 58 Jan.-avr. : mar.-sam. 17h-22h30 (23h ven.-sam.) ; mai-déc. : mar.-sam. 17h-23h30

Cap Horn B2 (4)
Coup de cœur à Nyhavn ! Ici, tout ravit : du décor marin de cette maison marchande au sourire des serveuses. Sans oublier les succulents mets bio : soupe de potiron, canard sauvage ou gratin végétarien. Plat 145-165kr.
→ Nyhavn 21 Tél. 33 12 85 04
Tlj. 10h (9h ven.-sam.)-23h

The Organic Boho B3 (5)
Bio, végan et très fréquenté, à deux pas de la verte Christiania, The Organic Boho, est minuscule, n’hésitez donc pas à réserver pour être sûr de ne pas manquer leur brunch du week-end ! Une explosion de couleurs et des portions généreuses vous attendent. Brunch 179kr, menu 159kr.
→ Prinsessegade 23
Tél. 31 13 50 02 Tlj. 10h-20h

Restaurant Kanalen B3 (6)
À travers les fenêtres de cette vieille maison, on tutoie les bateaux du canal. Martin Spleen choie ses clients : homard aux chanterelles, saucisse aux morilles... Menu 575-795kr, plat 225-325kr.
→ Wilders Plads 2

Eiffel Bar

Per Bo

Meyers Bageri

Tél. 32 95 13 30 Lun.-sam. 11h30-15h, 17h30-0h

Fishmarket A1 7
Un bistrot rétro chic à la française, avec ses nappes blanches, ses porte-manteaux en fonte et ses faïences métro. À l'ardoise, des produits de la mer extra frais. Belle carte de vins. Menu déj. 295-345 kr, dîner 495kr.
→ *Hovedvagtsgade 2*
Tél. 88 16 99 99 Tlj. 11h30-15h, 17h30-22h30 (21h30 dim.)

CAFÉS

Café Wilder B3 8
Véritable café danois... Dehors, vélos et landaus alignés ; à l'intérieur, conversations tranquilles. Loin du stress, depuis le café du matin jusqu'au dîner aux saveurs françaises. Brunch 85-199kr, plat 139-245kr.
→ *Wildersgade 56*
Tél. 32 54 71 83 Tlj. 11h30-23h (0h ven.-sam. ; 22h dim.)

Bådudlejning & café B3 9
Un petit café au bord du canal de Christianshavn. En été, on vient y boire une bière ou y louer un bateau. En hiver, l'endroit se transforme en véritable village de Noël, où un petit train vient vous servir des *æbleskiver* (un beignet traditionnellement servi pendant cette période), ainsi qu'un excellent *gløgg* (vin chaud), dans une ambiance très "*hygge*".
→ *Overgaden Neden Vandet 29 Tél. 32 96 53 53 Tlj. 12h-0h*

BARS, CLUBS

DR Koncerthuset hors plan C4 10
Concerts de l'élégante Maison de la radio.
→ *Ørestads Boulevard 13*
Tél. 35 20 62 62
www.dr.dk

Loppen C3 11
"La puce", du nom du marché installé par les hippies dans un ancien bâtiment militaire. Ici, musique tous azimuts : concerts jazz, hard rock, reggae... Puis le lieu devient discothèque !
→ *Christiania, Sydområdet 4B*
Tél. 32 57 84 22
Lives à 20h30 (21h ven.-sam.)

Eiffel Bar B3 12
Plus de 150 ans que les marins se retrouvent ici : un antique juke-box mouline les airs du passé tandis que les piliers de comptoir alimentent l'épais nuage de fumée âcre...
→ *Wildersgade 58*
Tél. 32 57 70 92 Tlj. 12h-3h

Natcaféen & The Duke A1 13
Deux clubs sur deux niveaux : au Natcaféen du rdc, les tubes danois du moment ; au 1er étage, The Duke enchaîne les chansons des années 1980 et 1990.
→ *Gothersgade 13*
Tél. 33 32 31 85
Ven.-sam. 22h-8h

SHOPPING

Magasin du Nord A2 14
"Le" grand magasin de Copenhague date de 1871. Mode, parfumerie, chaussures, etc. On y va surtout pour son épicerie fine au sous-sol (hareng, fromage...) !
→ *Kongens Nytorv 13*
Tél. 33 11 44 33 Tlj. 10h-20h

Maritime Antiques & B2 15
Un *concept store* qui relance objets et vêtements de la grande époque maritime danoise.
→ *Toldbodgade 15*
Tél. 33 12 12 57 Lun.-sam. 10h-17h30 (14h sam.)

Hilbert København B3 16
Morten Hilbert, styliste et orfèvre, crée des bijoux d'un style à la fois classique et décalé dans un décor évoquant les coulisses d'un théâtre.
→ *Sankt Annæ Gade 24*
Tél. 33 93 53 01 Mar.-sam. 11h-17h30 (18h ven. ; 14h sam.)

Per Bo C3 17
Céramiques aux formes et tons inattendus : tasses, bols ronds et carrés, planches à sushis... L'atelier se trouve juste derrière la boutique.
→ *Skt. Annæ Gade 33*
Tél. 23 41 92 11
Jeu.-sam. 11h-17h30 (15h sam.)

Meyers Bageri hors plan C4 18
À Amagerbro se trouvent les meilleurs roulés à la cannelle de la capitale !
→ *Amagerbrogade 48*
Tél. 61 99 90 09
Tlj. 7h-18h (16h w.-e.)

Alrum C4 19
Cette boutique capture à merveille l'essence du style de vie scandinave, alliant designers connus à ceux qui perceront demain. Sélectionnés et présentés avec soin, les objets qui composent cette atmosphère nordique minimaliste et chaleureuse vont vous donner une irrépressible envie de scandinaviser votre intérieur, ou vous donner des envie de cadeaux.
→ *Amabrogade 12*
Tél. 61 28 44 14 Mar.-sam. 11h-17h30 (15h sam.)

Nyhavn

Skuespilhuset

Nordatlantens Brygge

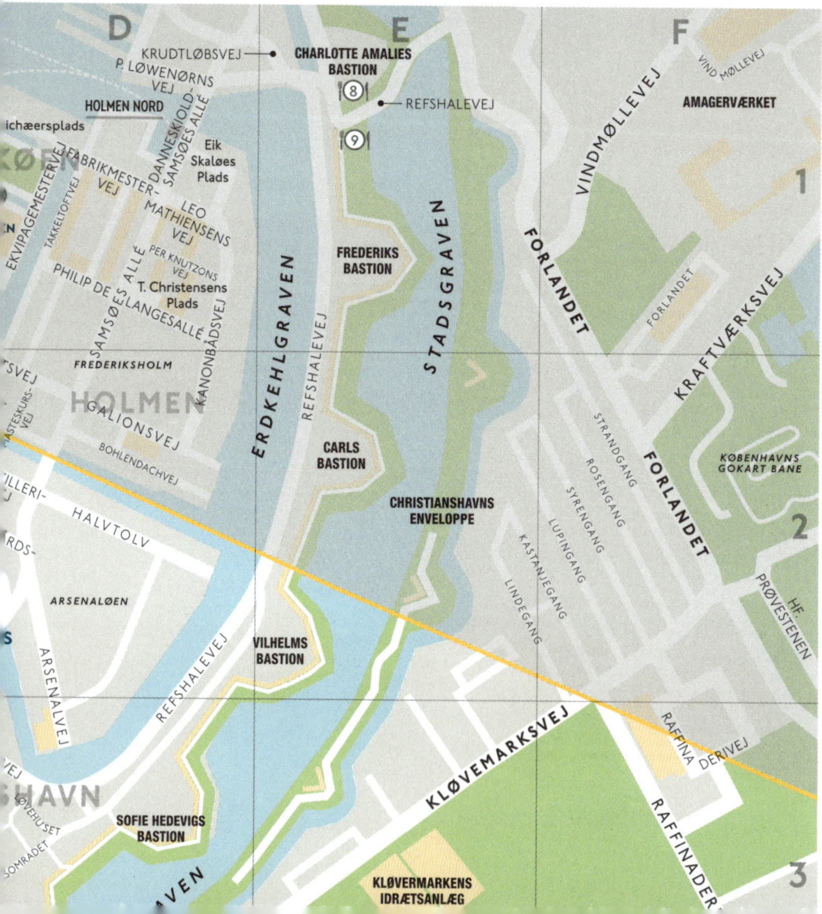

Christians Kirke

Cirkelbroen

ville libre" : Christiania. algré les controverses ıes à la vente libre ı haschich, la vie y ste différente. Dépassé ısher Stræde (la rue es dealers), on plonge ans l'ambiance ternative d'un chaos e jardins, de sentiers erdus et d'architectures élirantes. Nombreux etits cafés ou bars pour ire une pause et se ionger dans l'ambiance !

lle Mølle C4
on loin, le (dernier) oulin à vent es remparts.
→ Christianshavn
oldgade 54

★ Vor Frelsers Kirke C3
L'église de Notre-Sauveur, et son fameux clocher (1752), symbole et point de repère de la ville. La spirale de l'escalier extérieur fait payer de ses 400 marches le prix d'une vue imprenable, à 95 m de haut. À l'intérieur aux voûtes majestueuses reposant sur quatre piliers centraux, de somptueux fonds baptismaux en marbre et or, entourés d'angelots, et un orgue soutenu par deux éléphants en stuc.
→ Sankt Annæ Gade 29
Tél. 32 54 68 83
Tlj. 11h-15h30
***Clocher** Mai-sep. :*
tlj. 9h30 (10h30 dim.)-19h ;
oct.-mi-déc., fin fév.-avr. :
tlj. 10h (10h30 dim.)-16h

★ Christians Kirke B3
Sanctuaire ou théâtre ? On s'interroge en entrant dans cette église rococo, édifiée par Eigtved en 1759. Le long des murs de l'étonnante nef tout en largeur, succession de loges à l'italienne et au-dessus de l'autel en forme de scène, chaire et orgue d'un seul tenant.
→ Strandgade 1
Tél. 32 54 15 76
Mar.-ven. 10h-16h

★ Cirkelbroen A3
Synthèse de l'ébullition architecturale de la ville et de son riche patrimoine maritime, cet insolite pont circulaire (2015) aux allures de voilier – création de l'architecte Olafur Eliasson – fait pivoter ses plateformes circulaires à l'approche des bateaux et s'illumine à la tombée de la nuit.

★ Haveforeningen Vennelyst D4
Depuis 1892, ces jardinets partagés et leurs maisonnettes d'été illustrent la douceur de vivre à la danoise.
→ Kløvermarksvej 39

Istedgade

Carlsberg Bryggerierne

★ **Hovedbanegården** F3
La gare centrale (1905-1911) accueille le voyageur en lui annonçant les tons de la ville : briques rouges et toits verts. De superbes charpentes de bois apparentes coiffent les halls des départs et des arrivées, en proie à une perpétuelle effervescence.

★ **Radisson Collection Hotel** F2
Spectaculaire exemple d'architecture moderne danoise, œuvre du grand Arne Jacobsen (1960). À l'intérieur, pureté des lignes, sobriété des formes et recherche du "design total" cher à l'architecte : poignées de porte, service de table et célèbres séries de chaises *Egg* et *Swann*. À voir : la suite 606, fidèle au design original.
→ *Hammerichsgade 1*
Tél. 33 42 60 00

★ **Tycho Brahe Planetarium** E2
Curieux bâtiment circulaire portant le nom de l'astronome danois qui découvrit une nouvelle étoile dans la constellation de Cassiopée en 1572. Exposition consacrée à l'exploration spatiale et à l'astronomie. Projection de films Omnimax sur une coupole de 1 000 m².
→ *Gammel Kongevej 10*
Tél. 33 12 12 24
Tlj. 9h30 (12h lun.)-20h

★ **Øksnehallen** F3
Cette ancienne halle au bétail (1901) appareillée de briques jaunes est un véritable témoin du savoir-faire danois en matière de reconversion architecturale. Ses 5 000 m², éclairés par les nombreux puits de lumière, abritent désormais des expositions temporaires dédiées à l'art et à la culture. Concerts également.
→ *Halmtorvet 11 Tél. 33 29 80 00*
Horaires variables selon expositions www.dgi-byen.dk

★ **Kødbyen** E3
À l'instar du Meatpacking District de New York, cette "ville de la viande" (Kødbyen), qui a réuni pendant près d'un siècle abattoirs, entrepôts frigorifiques, marchés de gros, s'est aujourd'hui transformée en un lieu trè en vogue. Galeries, centre d'affaires, restaurants, bars, discothèques ont annexé les anciennes installations. Insolite !
→ *Halmtorvet 21*

★ **Istedgade** E3
Une rue au centre de Vesterbro tout à l'imag de cet ancien quartier ouvrier où se côtoient immigrés, dealers, prostituées et étudiants branchés. Résultat d'un

Hovedbanegården

Radisson Collection Hotel

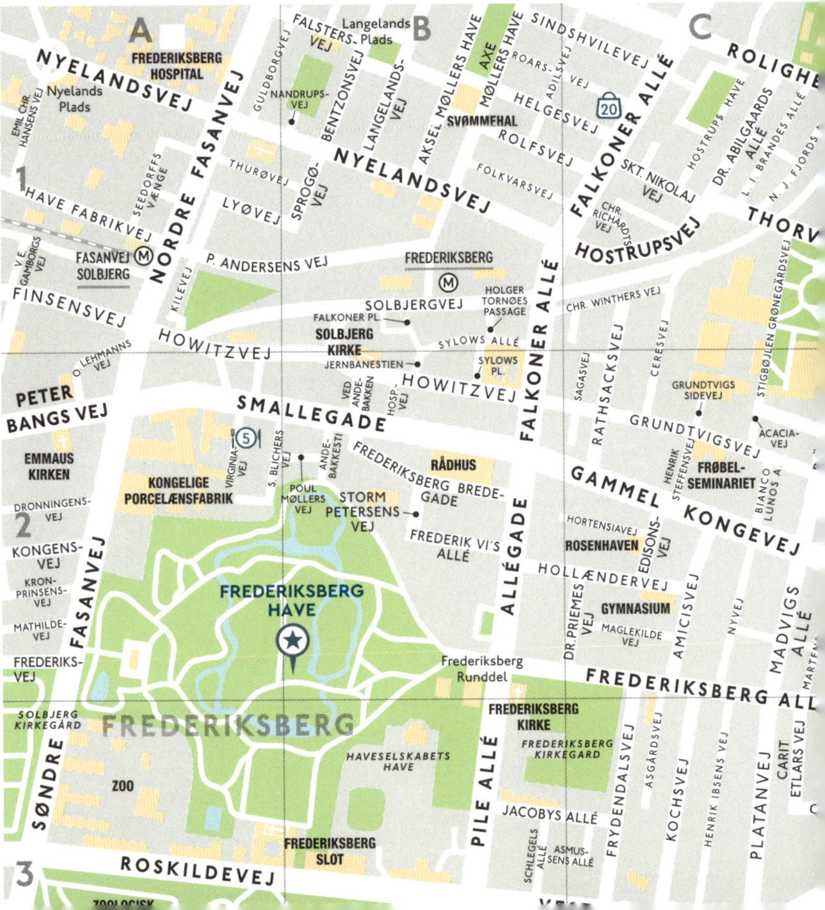

Au XIXe s., bouchers et marchands s'établirent à l'ouest des remparts de la ville, créant Vesterbro. De ce passé industrieux, le quartier conserve un habitat dense et un étonnant brassage de populations. Aux familles d'ouvriers et d'artisans succèdent désormais artistes ou jeunes cadres dynamiques, tandis que les restaurants ethniques et les cafés branchés ont élu domicile à Kødbyen (la "ville de la viande"), au milieu des entrepôts frigorifiques. À l'écart de cette joyeuse animation, à Frederiksberg, commune voisine un brin bourgeoise, les avenues spacieuses alignent façades magnifiques, villas cossues et jardins coquets.

BOB – Biomio Organic Bistro

Fredericks Ha

RESTAURANTS

Les Trois Cochons D2 ①
Les clichés sépia rappellent la douce France, tout comme la carte qui décline spécialités gauloises (moules frites, tartare...) et danoises (cochon de lait aux câpres...). Excellents *breakfasts*. Menu 360kr, plat 85-296kr.
→ *Værnedamsvej 10 Tél. 33 31 70 55 Dim.-jeu. 8h-15h, 17h30-21h30 ; ven.-sam. 9h-15h, 17h30-22h*

Sticks'n Sushi E3 ②
Sushis, makis, sashimis et viandes grillées merveilleusement présentés sont servis sur les quatre grandes tables japonaises ancrées dans le plancher. Fond musical électro. Menu 149-899kr, plat 89-319kr.
→ *Istedgade 62 Tél. 33 23 73 04 Tlj. 11h45-22h (22h30 ven.-sam.)*

Workbaren & Spicylicious F3 ③
Cuisine vietnamienne et thaïe à déguster dans un cadre chaleureux aux tons de bois et d'ardoise, aux côtés des photographes et des journalistes de Vesterbro. Quelques plats en portions tapas. Plat 135-249kr.
→ *Halmtorvet 10 Tél. 33 31 13 11 Tlj. 17h-22h (23h ven.-sam.)*

BOB - Biomio Organic Bistro E3 ④
De nuit, le néon bleu de l'ancienne boutique "Bosh" flashe de loin au-dessus de ce restaurant 100 % bio. Conversations animées dans la grande salle. Plat 170-195kr.
→ *Halmtorvet 19 Tél. 33 31 20 00 Lun.-sam. 12h-16h, 17h30-22h ; dim. 17h-21h*

Frederiks Have A2 ⑤
Appétissante cuisine métissant les saveurs nordiques, distillée par des chefs suédois et danois. Poularde pochée, moutarde et miel ; poulet au chou de Lammefjorden et betterave... Nappes blanches, bougies et terrasse de rêve. Menu 398-1 250kr, plat 290-320kr.
→ *Virginiavej 1 Tél. 38 88 33 35 Lun.-sam. 12h-23h*

Famo D3 ⑥
Un chef italien, passé par les pianos des plus grands, a ouvert sa propre trattoria. Ne pas résister aux antipastis ! Menu 350kr.
→ *Saxogade 3 Tél. 33 23 22 50 Tlj. 17h-22h*

CAFÉS, BAR À VIN

Meyer's Deli D2 ⑦
Tenue par le gastronome Claus Meyer, une cafétéria-

Meyer's Deli

Jolene

Peter Beier

épicerie aussi idéale pour un brunch que pour un simple café. Plat 125-165kr.
→ *Gammel Kongevej 107*
Tél. 33 25 45 95
Tlj. 7h (8h w.-e.)-21h

Granola D3 (8)
Le seul endroit de la ville où savourer le fameux *rødgrød* (porridge aux fruits et à la crème) ! Mais aussi des milk-shakes aux fruits frais et des glaces artisanales. Petit déj. à toute heure.
→ *Værnedamsvej 5*
Tél. 33 33 00 95
Lun.-ven. 7h30-23h (0h jeu.-ven.), w.-e. 9h-0h (15h dim.)

Bang & Jensen D3 (9)
Vieilles radios, lampes en tout genre, banquettes dépareillées, et même un réverbère, dans ce drôle de café. Petite restauration variée à prix modestes (*quesadillas*, pâtes, soupe). Cocktails et DJ sam. soir. Plat 79-115kr.
→ *Istedgade 130*
Tél. 33 25 53 18 Tlj. 10h-23h

BARS, MUSIQUE

Vega D3 (10)
La Maison du Peuple bâtie pour un syndicat en 1956 est devenue l'incontournable spot musical des nuits de Copenhague, produisant stars et jeunes musiciens. Plusieurs salles sur trois niveaux accueillent concerts pop, rock, hip hop, électro, etc. Aussi un dance-floor à l'Ideal Bar !
→ *Enghavevej 40*
Tél. 33 25 70 11 ***Ideal Bar*** *Ven.-sam. 22h-2h www.vega.dk*

Kødbyen
Nouvelle vie pour ces entrepôts, tout en longueur, de ce qui fut le quartier des bouchers, devenu aujourd'hui le lieu de ralliement nocturne de la jeunesse locale.

Paté Paté E3 (11)
Un vaste bar à vins et à tapas... dans une ancienne manufacture de pâté de foie au cœur de Kødbyen ! Plat 95-160kr.
→ *Slagterboderne 1*
Tél. 39 69 55 57
Lun.-sam. 11h30-0h (1h jeu.-ven. ; 1h sam.)

Bakken F3 (12)
Un bar doublé d'un restaurant de burgers fréquenté par de jeunes *hipsters* venus pour danser dans l'ancienne "ville de la viande". On trinque aussi dans la cour éclairée de lanternes colorées. DJ à 23h, concerts certains soirs à 22h30.
→ *Flæsketorvet 19-21*
Jeu.-sam. 20h (21h jeu.)-5h

Jolene F4 (13)
Dur, dur d'y entrer en fin de soirée ! Le dance-floor est littéralement pris d'assaut par la population estudiantine. Musique électro en semaine, un peu plus commerciale le w.-e. Gay-friendly.
→ *Flæsketorvet 81-85*
Jeu. 22h-3h, ven.-sam. 20h-4h

NOHO E3 (14)
Sous un ciel de diodes roses, cocktails et dîner tardif... à moins de préférer venir boire un café au petit matin !
→ *Flæsketorvet 28*
Tél. 71 99 59 90
Lun.-ven. 8h30-0h (2h jeu. ; 3h ven.), sam. 10h-3h

SHOPPING

Hart Bageri D2 (15)
L'ancien boulanger de noma enfourne désormais ici ses pains, gâteaux et viennoiseries : un must !
→ *Gammel Kongevej 109*
Tél. 31 11 18 50 Lun.-ven. 7h30-18h, w.-e. 8h-17h

Sort Kaffe & Vinyl E3 (16)
Mix "disquaire-café" ! Christian Rygaard, véritable passionné de musique, manie aussi bien la machine à expresso que la platine vinyle ! Écoute possible au casque.
→ *Skydebanegade 4*
Tél. 61 70 33 49
Lun.-ven. 8h-19h, w.-e. 9h (10h dim.)-18h

Dagny E3 (17)
Mode féminine, locale et indépendante, aux tissus souples et joliment imprimés de motifs variés.
→ *Istedgade 67B*
Tél. 30 35 10 03
Lun.-sam. 10h-18h (15h sam.)

Shop D3 (18)
La réunion de trois stylistes et de leurs marques respectives : Froks (minimaliste et élégant), Molberg (coupes plus audacieuses) et Second Arrival (couleurs pastel et silhouettes fluides).
→ *Værnedamsvej 3A*
Tél. 33 22 00 16
Lun.-sam. 11h-18h (16h sam.)

DANSKmadeforrooms E3 (19)
La création danoise dans toute son élégance : lampes, céramiques...
→ *Istedgade 80*
Tél. 32 18 02 55
Lun.-sam. 11h-18h (16h sam.)

Peter Beier C1 (20)
Le paradis des "chocoholics" ! Chaque chocolat est un petit chef-d'œuvre de gourmandise. Comble de la perfection : Peter Beier possède sa propre plantation de cacao aux Caraïbes.
→ *Falkoner Allé 43*
Tél. 38 33 18 01 Lun.-sam. 10h-18h (19h ven. ; 17h sam.)

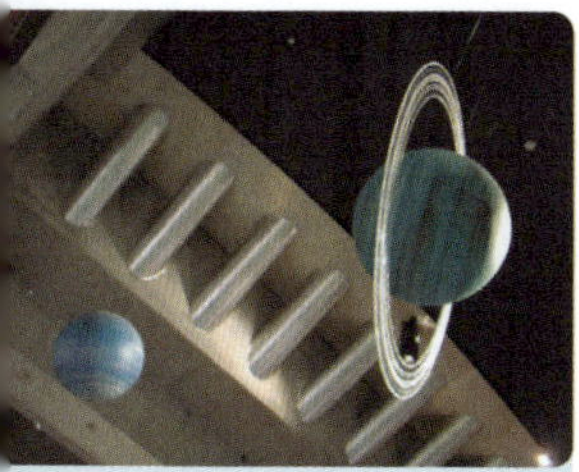
Tycho Brahe Planetarium

Øksnehallen

Kodbyen

Bakkehusmuseet

Frederiksberg Have

Cisternerne

ogramme de rénovation
es années 1990,
x-shops, *shawarma* et
utres bouis-bouis cèdent
e plus en plus la place
ux boutiques-ateliers
e jeunes créateurs :
déferle la nouvelle
gue de Copenhague.

**★ Carlsberg
ryggerierne** B4
près de gros travaux
e rénovation en 2019,
parcours dans les
uperbes bâtiments
e l'ancienne brasserie
arlsberg (1847) a repris :
constitutions, films
documents racontent
histoire de l'empire
anois de la bière.
À ne pas manquer,
la porte aux Éléphants,
dont on doit la fantaisie
jubilatoire à Dahlerup
en 1901 (*Ny Carlsberg Vej*).
Tout autour, le quartier
est en plein renouveau !
→ Gamle Carlsberg Vej 11
Tél. 33 27 10 20
Mar.-dim. 10h-18h

★ Bakkehusmuseet B3
Murs vieux rose et vert
amande, mobilier
d'époque et parquets polis
donnent à ce ravissant
musée des airs de cottage
anglais. La famille Rahbek
réunissait dans ces salons
les plus grandes figures
de la vie intellectuelle
et artistique de l'Âge d'or
danois (première
moitié du XIXe s.).
→ Rahbeks Allé 23
Tél. 33 31 43 62
Mer.-dim. 11h-17h

**★ Frederiksberg
Have** B2
Vaste parc romantique
dessiné à l'anglaise.
Frederiksberg Slot,
résidence royale devenue
Académie militaire en
1869, domine les pelouses
qui dévalent jusqu'aux
plans d'eau où l'on va
canoter. À voir aussi,
Frederiksberg Kirke (**E** B3),
surprenante chapelle
octogonale (1734)
parée d'un exquis décor
baroque, et le zoo,
Roskildevej 32 (**E** A3).
*→ Tél. 33 95 42 00 (jardin) /
72 81 77 71 (château)
Tlj. 6h-coucher du soleil*

★ Cisternerne A3
L'ancien réservoir d'eau
de la ville, installé en 1856,
a fonctionné jusqu'en 1933,
mais la mise à sec ne date
que de 1981. Depuis 1996,
les Citernes forment
de bien insolites cimaises,
avec leurs stalactites,
pour des expositions
d'art contemporain.
Entrée sur Roskildevej,
face au Frederiksberg Slot.
→ Søndermarken
*Tél. 30 73 80 32 Mar.-dim. 11h-
18h (20h jeu.) Horaires variables
Vérifier sur www.cisternerne.dk*

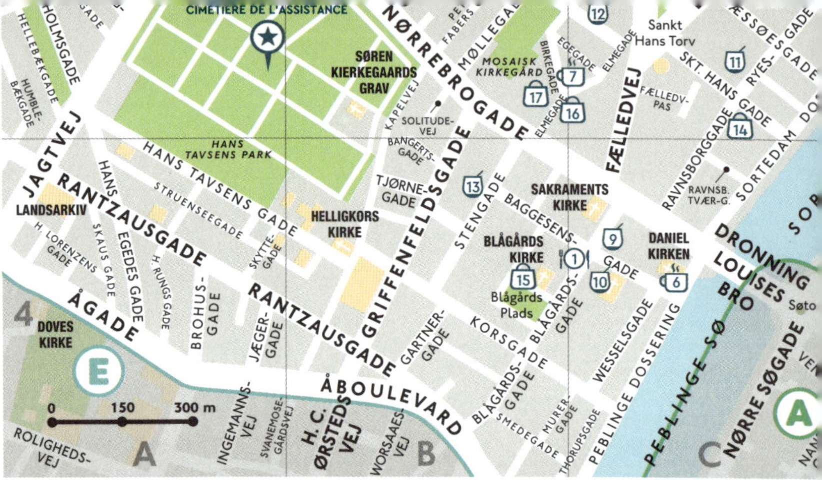

Den Hirschsprungske Samling

Statens Museum for Kunst

★ Assistens Kirkegård A3
Le vaste cimetière de l'Assistance fut établi en 1760. Les sépultures surgissent au détour des allées qui cheminent parmi les arbres et les pelouses. À voir : les tombes de Søren Kierkegaard (A17) et de Hans Christian Andersen (P1).
→ Kapelvej 4 Tél. 33 66 91 00 Avr.-sep. : tlj. 7h-22h ; oct.-mars : tlj. 7h-19h

★ Superkilen A1
Ce vaste espace urbain, imaginé pour que se rencontrent les habitants du quartier, a reçu en 2013 le prix Mies Van der Rohe pour l'architecture contemporaine. Le square Rouge égrène installations sportives, pistes de vélo, lampadaires insolites. Puis le marché Noir, au sol sombre striées de courbes blanches, rassemble bancs brésiliens pour la conversation, poulpe noir à escalader et fontaine marocaine. Enfin, le parc Vert arbore de doux reliefs gazonnés. Voir la balade *Nørrebro arty* (p. 22).
→ Mimersgade

★ Sortedam Dossering D3
Promenade aimée des Copenhaguois, le long des lacs artificiels de la ville. Tables et chaises s'étalent sous les arbres, où il fait bon goûter à la douceur de vivre danoise et observer le va-et-vient des vélos, des joggeurs ou des landaus.

★ Fælledparken D1
Le Central Park de Copenhague. Aux premiers rayons de soleil, promeneurs, pique-niqueurs, joueurs de foot pointent leur nez... et leurs maillots de bain, prenant d'assaut les immenses pelouses. Concerts gratuits en plein air et "jardin des sens" pour les enfants.

★ Brumleby D1
Délicieux ensemble de plus de 500 maisons élevées en 1853 en coopérative par l'Association médical danoise. Premier projet d logement social du pays, ces habitations salubres permettaient aux déshérités de vivre décemment à l'extérieur des remparts de la ville. Façades pimpantes et rue tranquilles : une oasis de paix désormais réserv à quelques privilégiés.

★ Den Hirschsprungske Samling E3
Remarquable collection d'art danois du XIXe s. réunie par le magnat du tabac Hirschsprung. Dans l'imposant bâtimen néoclassique, les meuble

Assistens Kirkegård

Superkilen

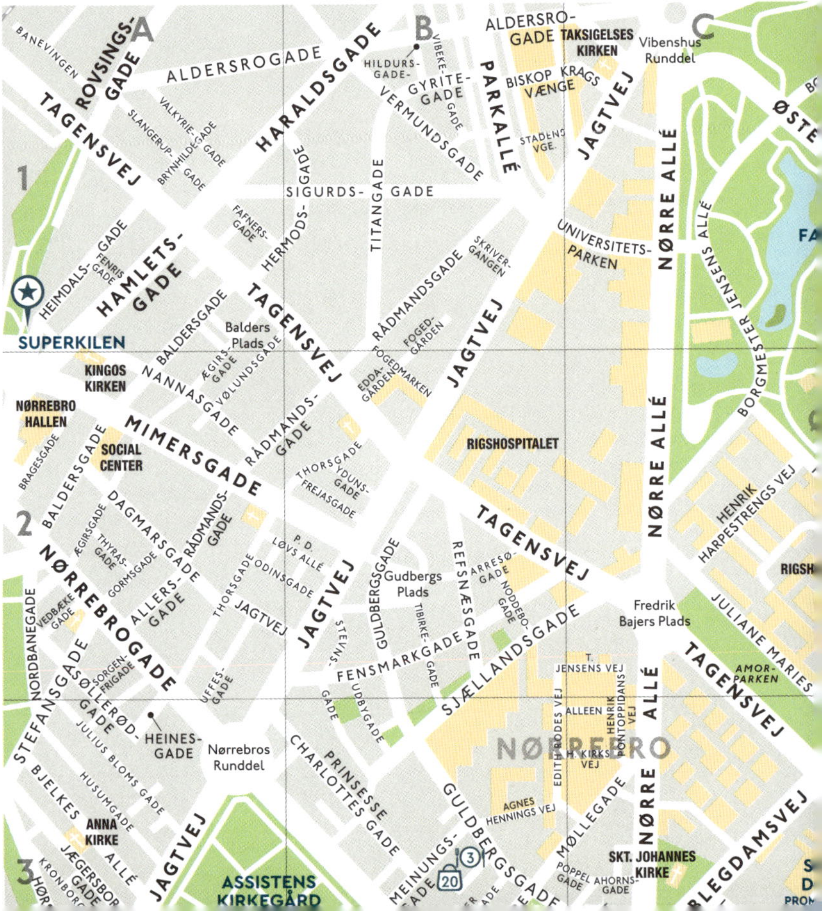

F

Rosenborg Slot / Nørrebro / Østerbro

Voici Nørrebro, au cœur d'un melting-pot d'immigrés, d'artistes et d'étudiants : bazars turcs, brocantes, restaurants indiens et bars noceurs envahissent trois rues aux alentours de Sankt Hans Torv : Blågårdsgade, Elmegade et Ravnsborggade. À l'ouest, Superkilen, vaste espace insolite (2013), tout en rouge, noir et vert, invite à une flânerie urbaine. Vers le sud-est, Sortedam Dossering, promenade plus classique le long des lacs, rejoint Østerbro, dont les ambassades et les boutiques chics ponctuent sagement les larges avenues. Au sud, dans le calme des parcs et des jardins, d'importants musées entourent l'ancienne résidence royale de Rosenborg.

Aamans

The Laundromat Ca

RESTAURANTS

Kate's Joint C4 (1)
Atmosphère très conviviale au parfum de colonie de vacances sur les tabourets autour des belles et longues tables en bois. Cuisines variées, toutes épicées : antillaise, africaine, asiatique... Forte affluence et petits prix ! Plat 85-165kr.
→ Blågårdsgade 12
Tél. 35 37 44 96
Lun.-sam. 17h-22h30 (23h jeu.-sam.), dim. 15h-22h

Aamanns E3 (2)
La référence du *smørrebrød* à Copenhague, à déguster sur place dans un cadre intimiste ou à emporter ! Maquereau, aneth, câpres, échalotes ; porc braisé, rhubarbe ; tartare de bœuf... sur pain de seigle. *Smørrebrød 95-275kr.*
→ Øster Farimagsgade 10
Tél. 20 80 52 01
Dim.-mar. 12h-15h ; mer.-sam. 12h-15h, 18h-21h

Bæst B3 (3)
Ce restaurant italien sert la meilleure *bresaola* et les meilleures pizzas de Copenhague. Une adresse authentique : même le four est importé de Naples ! Brunch 250kr. Pizza 135-175kr, plat 135-325kr.
→ Guldbergsgade 29
Tél. 35 35 04 63
Lun.-mer. 17h-22h30 ; jeu.-dim. 12h-14h30, 17h-22h30 ***Brunch*** *W.-e. 11h-14h30*

Le Saint-Jacques E1 (4)
Daniel Letz tient avec brio les rênes de cette maison : saumon fumé impérial, pintade à la citronnelle, confit de canard à l'ancienne... Plat 195-225kr.
→ Sankt Jakobs Plads 1
Tél. 35 42 77 07 Lun.-sam. 12h-15h (16h sam.), 18h-22h ; dim. 12h-16h, 17h-22h

Geranium D1 (5)
Le chef Rasmus Kofoed impressionne avec son menu dégustation d'une vingtaine de plats plus sublimes les uns que les autres, et qui lui ont valu de prestigieuses récompenses, dont une 3e étoile depuis 2016. Réserver. Menu à partir de 2 800kr, vin 1 800kr.
→ Per Henrik Lings Allé 4
Tél. 69 96 00 20 Mer.-sam. 12h-15h30, 18h30-0h

CAFÉS

Kaffesalonen C4 (6)
Très populaire, ce bistrot s'agrandit à partir du printemps avec une large terrasse posée sur l'eau au pied du pont Dronning Louises. Bière

Nørrebro Bryghus

Keramikbutikken

Normann

et café très abordables compte tenu du cadre et de la vue sur les lacs.
→ *Peblinge Dossering 7 Tél. 35 35 12 19 Tlj. 8h30-0h*

The Laundromat Café C3 7

Le premier café Lavomatic de la ville ! On vient laver son linge entre amis dans la petite salle rouge du fond, acheter des livres d'occasion, lire la presse ou tout simplement contempler les autres tablées pendant que la machine tourne...
→ *Elmegade 15 Tél. 35 35 26 72 Tlj. 9h-21h*

Dag H E2 8

Une belle cheminée, une salle claire et des cafés de toutes sortes venus de la brûlerie voisine : en voilà assez, le quartier débarque pour le petit noir du matin, les plats bistrot ou un chocolat chantilly au goûter !
→ *Dag Hammarskjölds Allé 38 Tél. 35 27 63 00 Tlj. 9h30-23h (0h mer.-sam.)*

Props Coffee Shop C4 9

On resterait des heures dans cette maison de grand-mère aux meubles patinés, aux murs de briques et aux étagères chargées de livres. Ici, se retrouvent les jeunes "intellos" du quartier.
→ *Blågårdsgade 5 Tél. 35 36 99 55 Lun.-sam. 11h-0h (2h ven.-sam.), dim. 12h-23h*

BARS, MUSIQUE

Vinhanen C4 10

Vinhanen ("le robinet à vin") est un bar à deux têtes : l'une à Vesterbro, l'autre ici, à Nørrebro. Son but ? Rendre le vin de qualité accessible à tous, en achetant de grandes cuves à de petits producteurs dénichés à travers l'Europe. Deux ambiances différentes, dont le point commun est l'architecture d'intérieure conçue par plusieurs artistes locaux.
→ *Baggesensgade 13 Lun.-ven. 16h-23h (0h jeu.-ven.), sam. 14h-0h*

Nørrebro Bryghus C3 11

Pour boire une bière à peine brassée, tout juste tirée des fûts. 30 bières différentes produites sur place par des anciens de Carlsberg. On y mange aussi très volontiers.
→ *Ryesgade 3 Tél. 35 30 05 30 Tlj. 12h-23h (0h ven.-sam. ; 22h dim.)*

Rust C3 12

Une salle de concert et un dance-floor : pop, indie rock, électro et hip-hop. Bloc Party ou Rufus Wainwright s'y sont produits.
→ *Guldbergsgade 8 Tél. 35 24 52 00 Ven.-sam. 20h-5h www.rust.dk*

Stengade B4 13

Quasiment un concert par soir ! Ici l'underground local côtoie les pointures internationales.
→ *Stendgade 18 Tél. 35 35 50 69 www.stengade.dk*

SHOPPING

Ravnsborggade C3 14

La rue des antiquaires, des boutiques de design de seconde main et des jeunes créateurs de mode.

Keramikbutikken B4 15

Pour voir deux céramistes en action et acheter en direct. Pur style danois : couleurs pastel et lignes pures. À partir de 150kr.
→ *Blågårds Plads 12 Tél. 35 37 29 81 Mar.-ven. 10h-17h30, sam. 11h-14h*

Elmegade B3 16

La rue des bonnes adresses : boulangerie, *take away* bio, livres anciens, design, stylistes, *streatwear*, coiffeur, etc.

Mondo Kaos B3 17

Une mode pour les femmes à la fois dans le vent et un peu décalée, au parfum rockabilly.
→ *Birkegade 1 Tél. 60 95 11 36 Lun.-sam. 10h-18h (16h sam.)*

Normann E2 18

Créée en 1999, cette marque de design scandinave a décollé en 2002 avec son modèle de lampe Norm 69. Elle collabore avec de jeunes talents comme des grands noms. Meubles, vaisselle, accessoires pour la maison.
→ *Østerbrogade 70 Tél. 35 27 05 40 Lun.-ven. 11h-17h30, sam. 10h-15h*

Enula 9 E2 19

Une sélection tout en jolies matières (cotons doux, fourrures...) pour mettre en valeur formes et silhouette des femmes enceintes, mais pas seulement ! À compléter par une huile de massage relaxante.
→ *Rosenvængets Allé 6 Tél. 35 38 17 85 Lun.-ven. 11h-17h30, sam. 10h-15h*

Res Res B3 20

Outre un design élégant et des matières de qualité, chaque vêtement ou accessoire est issu du commerce équitable et respecte la nature.
→ *Guldbergsgade 29C Tél. 61 43 53 42 Lun.-ven. 12h-20h, w.-e. 11h-17h (16h dim.)*

Soterdam Dosserring

Fælledparken

Brumleby

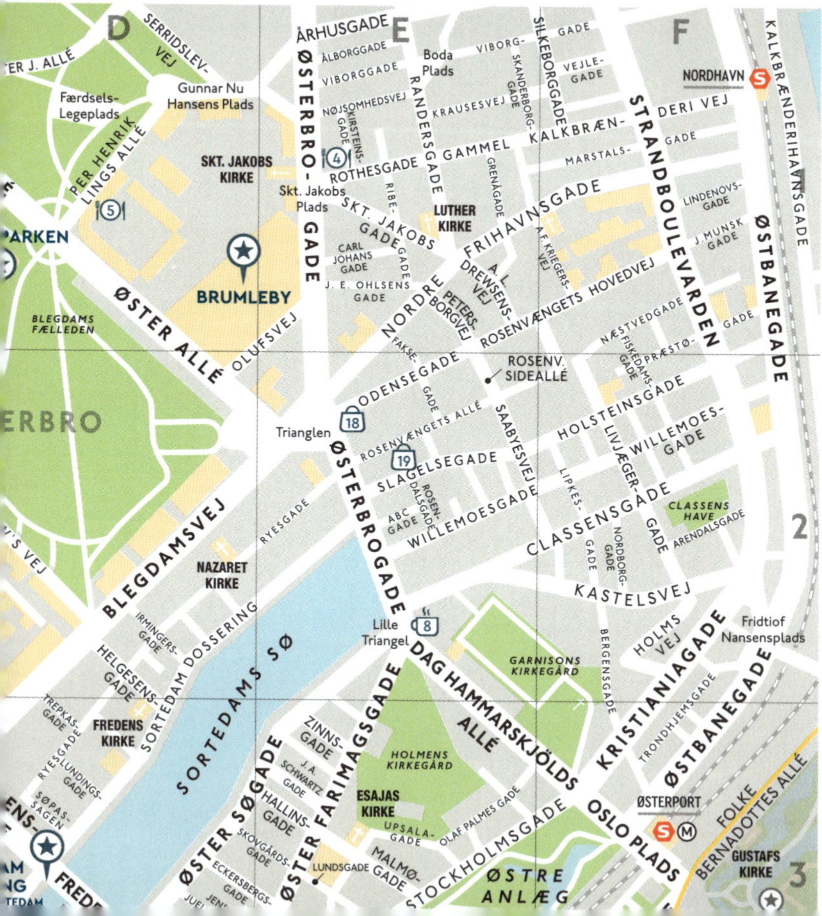

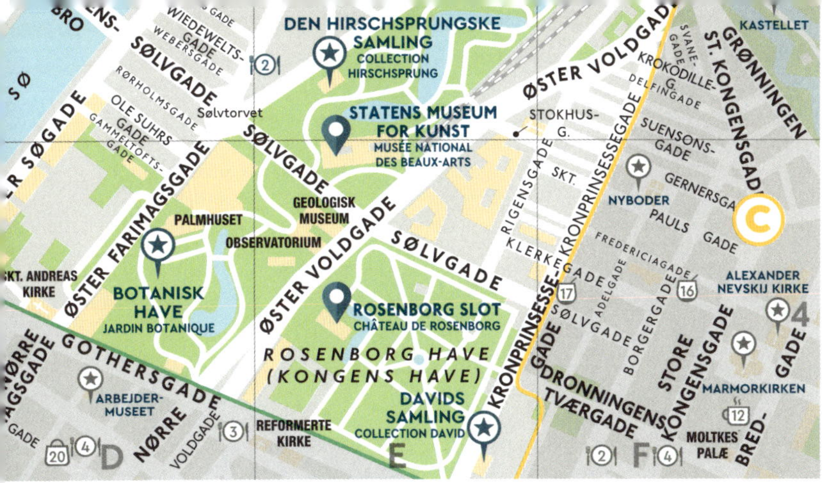

Botanisk Have

Rosenborg Slot

David Samling

époque côtoient
s œuvres de l'Âge d'or
nois (1re moitié du
e s. ; Eckersberg, Købke)
des peintres du groupe
Skagen (2e moitié
XIXe s. ; Michael et Ana
ncher, Peder S. Krøyer).
Stockholmsgade 20
l. 35 42 03 36
r.-dim. 11h-16h

Statens Museum r Kunst E4
musée national des
eaux-Arts, dont les vastes
llections furent remises
l'État par la famille
yale en 1848. Fonds
nsidérable d'art danois,
alien, hollandais, flamand
ans le bâtiment central ; art moderne dans l'aile à la superbe architecture de verre d'Anna Maria Indrio et Mads Moller (1998).
→ Sølvgade 48-50
Tél. 33 74 84 94
Mar.-dim. 10h-18h (20h mer.)

★ Botanisk Have D4
Jardin botanique riche de plus de 23 500 essences. La très belle Palmhuset (1874), serre de 94 m de long aux 4 000 m² de verre, fut élevée sur les plans du brasseur Carl Jacobsen : la galerie circulaire domine une luxuriante palmeraie.
→ Gothersgade 128
Tél. 35 32 22 22
Avr.-sep. : tlj. 8h30-18h ; oct.-mars : tlj. 8h30-16h

Rosenborg Slot E4
La résidence estivale (1606) favorite de Christian IV porte la marque de sa passion pour l'architecture hollandaise. Sa silhouette finement ciselée se détache au-dessus des jardins royaux, aux parterres fleuris et à l'entêtante roseraie, très appréciés de la jeunesse locale. C'est d'ici, où elle tient ses quartiers, que la garde royale part chaque jour assurer la relève à Amalienborg. Visiter absolument les salles en enfilade, toutes plus somptueuses les unes que les autres, et s'extasier devant les éblouissants joyaux de la couronne.
→ Øster Voldgade 4A
Tél. 33 15 32 86 Juin-août : tlj. 9h-17h ; mi-avr.-mai, sep.-oct. : tlj. 10h-16h ; nov.-mi-avr. : mar.-dim. 10h-15h

★ Davids Samling E4
Fondation célèbre pour sa collection d'art islamique, unique en Scandinavie. Le raffinement oriental dans toute sa splendeur : corans enluminés, antiquités perses, indiennes, arabes. On profite aussi de l'intérieur bourgeois (XVIIIe s.) de la demeure du collectionneur.
→ Kronprinsessegade 30
Tél. 33 73 49 49
Mar.-dim. 10h-17h (21h mer.)

BALADES

Le hygge, l'art de vivre à la danoise

1/2 journée

6 km

Des adresses *hyggelig*, pour s'initier à l'art de vivre du pays le plus heureux du monde !

Torvehallerne, marché à l'atmosphère conviviale, est un lieu incontournable pour déguster une spécialité sur le pouce. Prenez ensuite la direction des magnifiques serres de **Botanisk Have**, un cocon de nature en pleine ville. La chaleur tropicale de l'impressionnante Palmhuset, avec son romantique escalier en colimaçon, se révèle un vrai bonheur en hiver ! L'été, offrez-vous un bain de soleil avec vue sur le lac, ou traversez le parc des jardins royaux de **Rosenborg Slot**. Pour le théâtre de marionnettes, le cinéma en plein air, un pique-nique ou une partie de Mölkky, les Copenhaguois s'y donnent rendez-vous dès les beaux jours.

Cap ensuite sur la boutique de déco **Bolia** (*Christian IX's Gade 7*), où trouver de quoi recréer un parfait intérieur danois, beau, design et confortable. Prochain arrêt chez **A. C. Perch's**, la plus ancienne maison de thé d'Europe, avant de grimper les étages de **Hay House**, temple du design scandinave.

Pour faire le plein de ces bougies si chères aux Danois, et qui peuvent changer toute une atmosphère, suivez Strøget jusqu'à **Søstrene Grene** (*Amagertorv 24*). C'est une véritable caverne d'Ali Baba de la décoration cocooning à prix doux. En face, le **Lego Store**, institution danoise qui ravit petits et grands et promet de merveilleux moments en famille ! Redescendez vers Strøget et, pour vous réchauffer un moment, pourquoi ne pas vous accorder un café accompagné d'une belle part de gâteau chez **Conditori La Glace**.

Quittez l'agitation de Strøget pour **Kompagnistræde**, rue des antiquaires, des boutiques de céramiques et des galeries. Ici, on s'inspire de l'art de recevoir danois, qui mixe design vintage et moderne. Au n° 23, le potier Eric Landon tourne et émaille de la vaisselle en grès aux nuances délicates dans son atelier **Tortus** (*Kompagnistræde 23*). Enfin, on rapportera un souvenir tout en douceur de chez **Sømods Bolcher** (*Nørregade 36*), fournisseur officiel de bonbons de la famille royale danoise !

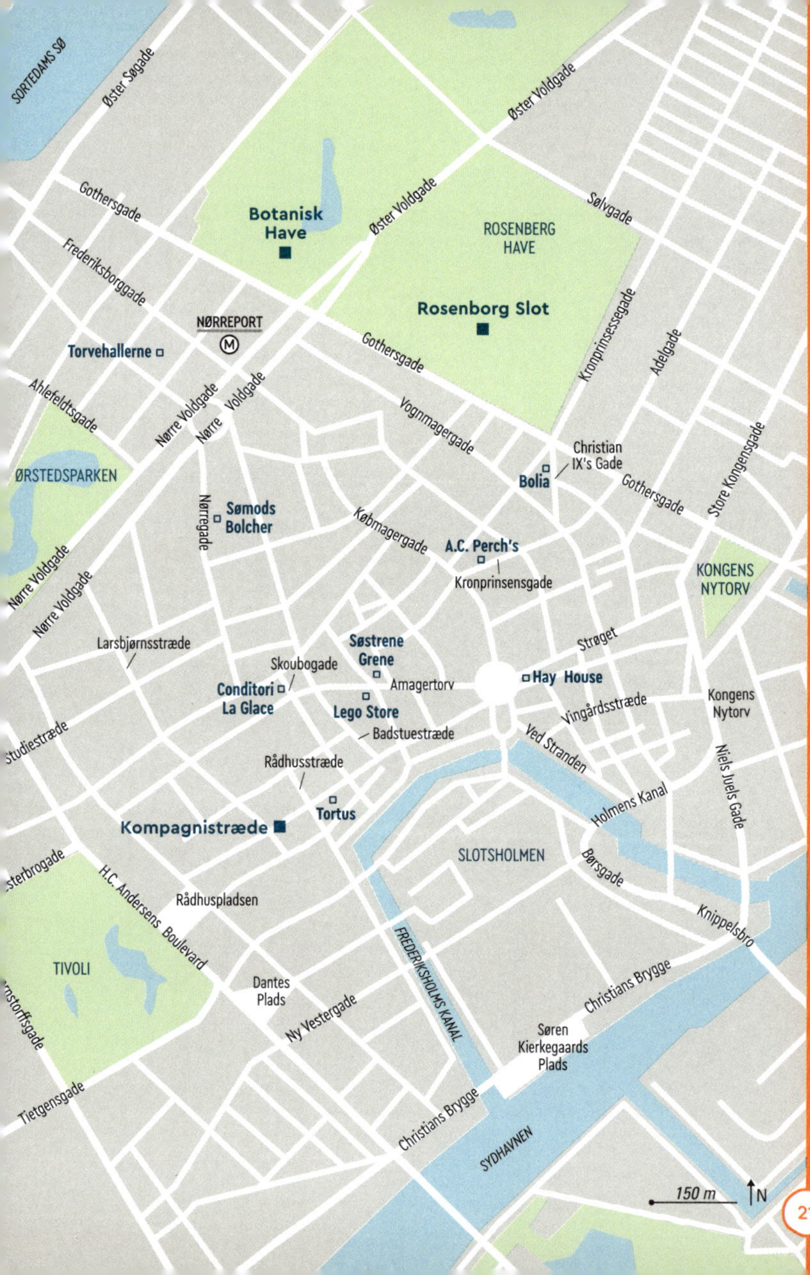
SORTEDAMS SØ
Øster Søgade
Øster Voldgade
Gothersgade
Botanisk Have
Øster Voldgade
ROSENBERG HAVE
Sølvgade
Frederiksborggade
Rosenborg Slot
NØRREPORT
M
Torvehallerne
Gothersgade
Kronprinsessegade
Adelgade
Ahlefeldtsgade
Nørre Voldgade
Nørre Voldgade
Vognmagergade
Christian IX's Gade
ØRSTEDSPARKEN
Bolia
Gothersgade
Store Kongensgade
Nørregade
Sømods Bolcher
Købmagergade
A.C. Perch's
Kronprinsensgade
KONGENS NYTORV
Nørre Voldgade
Nørre Voldgade
Larsbjørnsstræde
Søstrene Grene
Strøget
Skoubogade
Hay House
Conditori La Glace
Amagertorv
Kongens Nytorv
Lego Store
Vingårdsstræde
Badstuestræde
Ved Stranden
Studiestræde
Rådhusstræde
Niels Juels Gade
Holmens Kanal
Tortus
Kompagnistræde
SLOTSHOLMEN
Børsgade
H.C. Andersens Boulevard
Rådhuspladsen
Knippelsbro
FREDERIKSHOLMS KANAL
TIVOLI
Dantes Plads
Christians Brygge
Ny Vestergade
Søren Kierkegaards Plads
Tietgensgade
Christians Brygge
SYDHAVNEN
150 m
N

Nørrebro arty

1/2 journée

7 km

Longtemps surnommé Nørrebronx, ce quartier vibre aujourd'hui au rythme d'aménagements urbains insolites et de boutiques pointues.

Départ au sud de **Sortedam Dossering**, ces lacs artificiels qui alignent bancs et coins de verdure. Empruntez l'artère principale du quartier, **Nørrebrogade**, où des puces se tiennent chaque samedi, le premier et le dernier dimanche d'avril à octobre. Ici, boutiques tendance et restaurants orientaux se partagent le pavé. Les amoureux de vintage iront chiner chez **PRAG** (*n° 45*), une adresse incontournable de la jeunesse branchée. Poursuivez et flânez dans les allées bucoliques d'**Assistens Kirkegård**, dernière demeure des sommités danoises. Il est l'heure du déjeuner ? Un stop chez **Jagger** (*n° 114*), meilleur burger de la ville, avant de poursuivre vers **Jægersborggade**. Ambiance *roots* et arty garantie dans cette ruelle au passé tumultueux, aujourd'hui *place to be* ponctuée de concept stores, de galeries d'art et de cafés photogéniques. Les illustrations d'artistes danois de la vivante galerie **CMYKkld** (*n° 51*) sont imprimées sur place dans tous les formats. En face, on s'accorde une pause musicale accompagnée d'une bière, en parcourant la sélection pointue de vinyles de **Crate Beer and Vinyl** (*n° 50*).

Les gourmands lui préféreront **Grød** (*n° 50*) pour son porridge aux produits frais, locaux et bio. Envie d'un café de *barista* inspiré ? Traversez et filez au **Coffee Collective** (*n° 57*) qui fait face au **Nørrebroparken**, le rendez-vous préféré des parents et des enfants après l'école.

Cap au nord vers **Superkilen** ! Ce vaste espace pensé comme une exposition d'objets urbains du monde entier reflète la diversité culturelle du quartier. Sur place, **Nørrebrohallen**, centre culturel et sportif conçu dans d'anciens hangars à tramway, organise marchés aux puces, concerts et expositions. Poursuivez votre route vers le sud en parcourant des rues en pleine mutation. Premier stop à **Bananna Park** (*Nannasgade 4*), ancien terrain vague transformé en parc d'activités, avec son impressionnante arche d'escalade de 14 m de haut, son terrain de skate et sa plantation de cerisiers et de bambous, sur fond de street art. À quelques pas, **Guldbergs Plads**, forêt urbaine de 200 poteaux bleus et collines de caoutchouc ! Enfin, posez-vous au **Kaffesalonen** pour vous délasser, les pieds dans l'eau... ou presque !

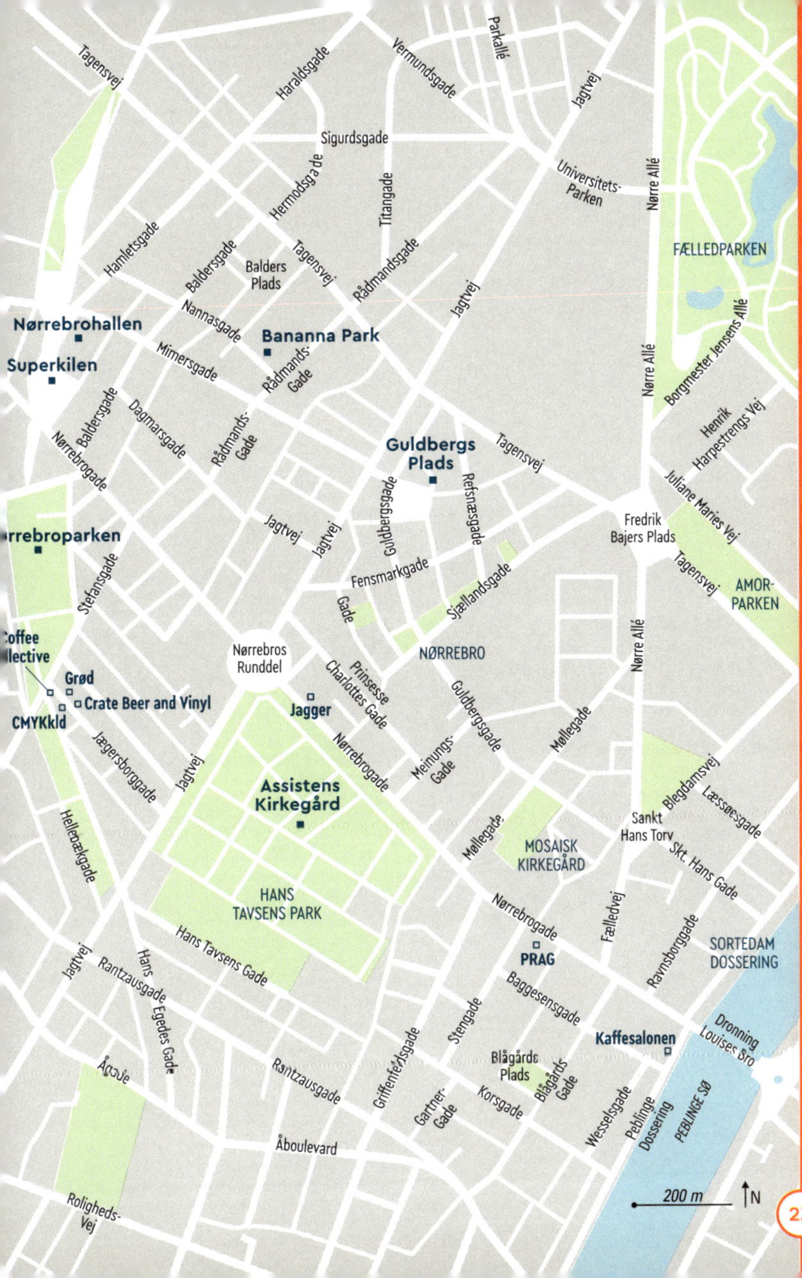
Tagensvej
Haraldsgade
Vermundsgade
Parkallé
Jagtvej
Sigurdsgade
Hermodsgade
Titangade
Universitets-
Parken
Nørre Allé
FÆLLEDPARKEN
Hamletsgade
Baldersgade
Balders
Plads
Tagensvej
Rådmandsgade
Jagtvej
Nørrebrohallen
Nannasgade
Banana Park
Superkilen
Mimersgade
Rådmands-
Gade
Borgmester Jensens Allé
Nørre Allé
Baldersgade
Dagmarsgade
Rådmands-
Gade
Guldbergs
Plads
Tagensvej
Henrik
Harpestrengs Vej
Nørrebrogade
Refsnæsgade
Juliane Maries Vej
Guldbergsgade
Fredrik
Bajers Plads
rrebroparken
Jagtvej
Jagtvej
Fensmarkgade
Tagensvej
Stefansgade
Sjællandsgade
AMOR-
PARKEN
Gade
offee
llective
Nørrebros
Runddel
NØRREBRO
Nørre Allé
Grød
Crate Beer and Vinyl
Prinsesse
Charlottes Gade
Jagger
Guldbergsgade
CMYKkld
Møllegade
Jægersborggade
Nørrebrogade
Meinungs-
Gade
Jagtvej
Assistens
Kirkegård
Blegdamsvej
Læssøesgade
Sankt
Hans Torv
Møllegade
Hellebækgade
MOSAISK
KIRKEGÅRD
Skt. Hans Gade
HANS
TAVSENS PARK
Nørrebrogade
Fælledvej
Hans Tavsens Gade
PRAG
Ravnsborggade
SORTEDAM
DOSSERING
Jagtvej
Rantzausgade
Hans
Egedes Gade
Baggesensgade
Stengade
Kaffesalonen
Dronning
Louises Bro
Griffenfeldsgade
Blågårds
Plads
Blågårds
Gade
Rantzausgade
Gartner-
Gade
Korsgade
Wesselsgade
Peblinge
Dossering
PEBLINGE SØ
Åboulevard
200 m
N
Roligheds-
Vej

À vélo entre terre et mer

1/2 journée (à vélo)

24 km

Entre perles d'architecture contemporaine, plages et sites naturels, Amager ne cesse de se transformer !

Cykelslangen, pont réservé aux vélos serpentant à travers le verre et l'acier avant d'enjamber Sydhavnen, est l'exemple même de l'intérêt porté par la ville au bien-être des cyclistes (un tiers des habitants, jouissant de 350 km de pistes !). Empruntez-le au pied de Fisketorvet pour rejoindre **Amager Fælled**, ancien site d'enfouissement de déchets ménagers devenu réserve naturelle et havre de paix. Quelques coups de pédale et voici la résidence étudiante **Tietgenkollegiet** (*Rued Langgaards Vej 10*) à l'étonnante forme circulaire

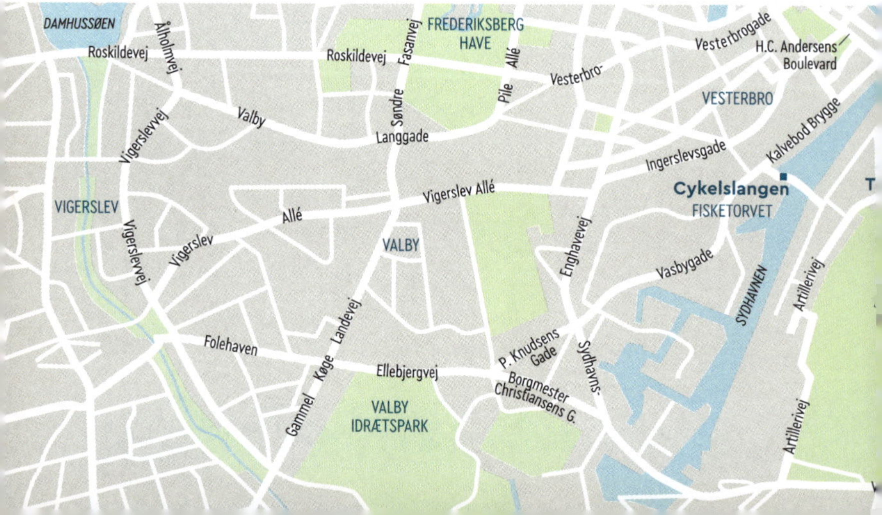

(Lundgaard & Tranberg, 2006). De la cour intérieure, les 360 chambres s'encastrent les unes dans les autres, comme suspendues dans les airs. Non loin de là, les habitants viennent s'occuper des serres partagées, des poules et des lapins de l'agréable jardin communautaire **Byhave Sundholm Amager** (*Sundholmsvej 44*). Un petit creux ? Rechargez les batteries chez **Meyers Bageri** avec un *kanelsnurrer* (roulé à la cannelle) à tomber ! Rejoignez Amagerbrogade, puis tournez sur Højdevej où l'imposante façade immaculée de **Filips Kirke** (*Kastrupvej 55*) découpe le paysage. Son cimetière généreusement décoré de fleurs, de bougies et de petits cadeaux est particulièrement émouvant. Pour une vue dégagée sur la côte et même sur l'impressionnant Øresundsbroen, pont reliant le Danemark à la Suède, pédalez jusqu'à l'îlot de **Kastrupfort**.

Kastrup Søbad (*Amager Strandvej 301* – White Arkitekter, 2004) est à quelques tours de roue. Cette incroyable installation en bois, sorte d'escargot posé sur l'eau, est le lieu idéal pour s'octroyer un bain de mer ! Hiver comme été, on s'y retrouve pour quelques brassées, illuminées des derniers rayons du soleil couchant. D'ici vous apercevrez la silhouette de **Den Blå Planet** (3XN, 2013), plus grand aquarium d'Europe du Nord. Pause café en terrasse de l'exquis **Café Baaden** (*Havkajakvej 16*), juché sur un ponton, avant de slalomer sur les 2 km de piste cyclable d'**Amager Strandpark**. C'est l'endroit préféré des citadins pour passer de longues journées d'été à lézarder, pique-niquer ou s'adonner au kayak. L'hiver, les courageux se lancent à l'eau totalement nus... Un secret de jouvence paraît-il ! Plus haut sur la côte, les courbes en bois ondulantes de la **Maritime Youth House** (BIG, 2004) attirent cyclistes et skateboardeurs en quête de sensations. Prochaine étape : **CopenHill**, projet futuriste de BIG qui a relevé le défi de réaliser une piste de ski artificielle sur le toit d'un incinérateur de déchets !

Le long des berges de Stradsgraven, déambulez dans les allées verdoyantes et structurées de **Haveforeningen Vennelyst** aux délicieuses maisonnettes en bois. Enfin, garez votre vélo pour explorer l'incomparable **Christiania** !

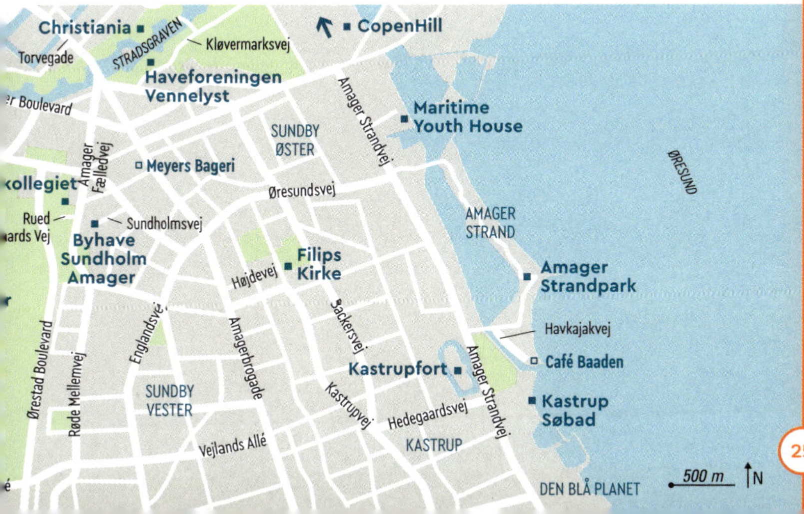

ENVIRONS

Nordhavn .... 8 min

Avis aux amateurs d'audaces architecturales ! Faisant progressivement oublier les traces du port industriel, résidences, écoles supérieures et immeubles de bureaux fleurissent...
À voir : la Copenhagen International School (CF Møller), aux tours recouvertes de panneaux solaires ; The Silo (COBE), réserve à grain muée en appartements luxueux ; ou UN City (3xNielsen) en forme d'étoile.

⟶ Accès en S-tog A, B, C ou E, arrêt Nordhavn UN City Ven. 14h Visites guidées sur rés. un.dk

Arken Museum for Moderne Kunst .... 25 min

Les lignes de ce musée d'art moderne d'une blancheur éclatante rappellent celles d'un navire. Avant-gardes d'après 1945.

⟶ Ishøj Accès en S-tog A ou E, arrêt Ishøj, puis bus 128 ou 300S Tél. 43 54 02 22 Mar.-dim. 10h-17h (21h mer.)

Dragør .... 30 min

Ce charmant port de pêche ne manque pas d'attraits avec ses rues étroites, ses ravissantes maisons jaune d'or et sa forteresse construite dans les années 1910 pour protéger Copenhague.
À voir également (mai-sep.) : le Dragør Museum, musée maritime situé sur le port, et l'Amagermuseet, où deux fermes présentent aux visiteurs la culture paysanne de la région au XIXe s.

⟶ Accès en bus, ou en train puis bus

Karen Blixen Museet

Karen Blixen Museet . 30 min

Après avoir vécu dix-sept ans au Kenya, Karen Blixen (1885–1962) revint s'installer dans la maison de son enfance, où elle écrivit le roman qui deviendra au cinéma *Out of Africa*. Magnifiques portraits peints en Afrique.

⟶ Rungsted Strandvej 111, Rungsted Accès en train direction Helsingør, arrêt Rungsted Kyst, puis bus 388 Tél. 45 57 10 57 Mar.-dim. 11h-20h (17h w.-e.)

Louisiana Museum for Moderne Kunst .... 35 min

Dans un édifice tout en transparence, face à l'Øresund, le fantastique musée d'Art moderne fondé en 1958 par Knud W. Jensen, collectionneur averti : Jørn, Kirkeby, Giacometti, Warhol, etc. Sublime jardin ponctué de sculptures de Moore ou de Calder. Absolument incontournable !

⟶ Gammel Strandvej 13, Humlebæk Accès en train direction Helsingør, arrêt Humlebæk, puis 10 min à pied Tél. 49 19 07 19 Mar.-dim. 11h-22h (18h w.-e.)

Malmö .... 35 min

Pour une escapade en Suède ! Située de l'autre côté du pont de l'Øresund, Malmö est baptisée "la banlieue de Copenhague". La Vieille Ville (Gamla Stan) se visite à pied et regorge de cafés et de restaurants chaleureux. Pour le shopping, se rendre dans les rues piétonnes Södergatan et Södra Tullgatan. À l'ouest de la ville, dans le quartier vert BoO1, la célèbre Turning Torso dresse ses 54 étages face à la mer.

⟶ Accès en train

Helsingør .... 45 min

Elseneur n'est autre que la ville du château de Hamlet ! Kronborg (1585), élégant édifice Renaissance, fut un point de contrôle du détroit de l'Øresund jusqu'en 1857. À deux pas, le splendide musée maritime du Danemark, le Museet for Søfart, installé avec brio par l'agence BIG dans une ancienne cale sèche des chantiers navals, en sous-sol pour ne pas altérer la vue sur le château classé par l'Unesco. À voir aussi, le centre culturel Kulturværftet, tout en baies vitrées agencées à la façon d'un diamant.

**⟶ Accès en train
Kronborg Slot Tél. 49 21 30 78
Jan.-mars, nov.-déc. : mar.-dim. 11h-16h ; avr.-mai, oct. : tlj. 11h-16h ; juin-sep. : 11h-17h30
Museet for Søfart Ny Kronborgvej 1 Tél. 49 21 06 85 Sep.-juin : mar.-dim. 11h-17h ; juil.-août : tlj. 11h-18h**

Pont de l'Øresund

CARNET PRATIQUE

ARGENT

Monnaie
1€ = 7,45kr
1kr = 0,13€
1kr = 100 øre

COPENHAGUE EN LIGNE

Site de l'office de tourisme.
→ www.visitcopenhagen.com

JOURS FÉRIÉS

- 1er jan.
- Jeu.-ven. saints
- Lun. de Pâques
- 4e ven. après Pâques (Store-Bededag, fête religieuse)
- 1er mai
- 5 juin (jour de la Constitution)
- Ascension
- Pentecôte (2 j.)
- 16 avr. (anniversaire de la reine)
- 24-26 déc.

COPENHAGUE EN CHIFFRES

- 1,25 million d'habitants
- 88 km²

INFOS

Copenhagen Visitor Service (**B** A2)
→ Vesterbrogade 4A
Tél. 70 22 24 42 Jan.-fév., oct.-déc. : tlj. 9h-16h (14h dim.) ; mars-avr. : tlj. 9h-16h ; mai-juin, sep. : tlj. 9h-18h (16h dim.) ; juil.-août : tlj. 9h-20h (18h w.-e.)

TÉLÉPHONE

France-Copenhague
→ 00 45 + n° de tél. à 8 chiffres

Copenhague-France
→ 00 33 + n° de tél. sans 0

Urgences
→ Tél. 112

Médecins en urgence
→ Tél. 1813 Lun.-ven. 16h-8h, w.-e. 24h/24

Pharmacie 24h/24
→ Steno Apotek
(**E** F2) Vesterbrogade 6C
Tél. 33 14 82 66

Renseignements
→ Tél. 118 (nationaux et internationaux)

BUDGET

D'une manière générale, la vie au Danemark est chère.

LOGEMENT
Chambre double en centre-ville : 800–1 400kr

RESTAURANTS
Un plat : 100–250kr
Smørrebrød : 75–100kr

SORTIR
Entrée en club : 60kr

MUSÉES
Une entrée : 60–95kr

FERMETURES ANNUELLES

Attention, tout est fermé les 31 déc. et 1er jan., les jeu.-ven. saints et dim.-lun. de Pâques (ouvert sam.), le 4e ven. après Pâques (Store-Bededag, jour des Prières), le jeudi de l'Ascension, le lundi de Pentecôte, les 24, 25, 26 déc. (Noël).

HORAIRES

Repas
Déjeuner léger vers 12-13h, dîner vers 18-19h. Cafés ouverts de 7h à 22h. Après 22h, difficile de dîner...

Sorties
Bars ouverts jusqu'au bon vouloir des clients.

Musées
En général, mar.-dim. 10h-16h

Magasins
En général, lun.-jeu. 10h-17h30, ven. 10h-18h, sam. 10h-15h
Fleuristes, boulangeries et kiosques ouverts dim.

Bureaux
En général, lun.-ven. 9h-17h

QUAND PARTIR ?

Les mois d'hiver sont rudes, les mois de mai et de juin sont très agréables (températures douces, champs couverts de fleurs), de même que le mois de septembre, belles chaleurs aux mois de juillet et août.

VISITES

EN BUS TOURISTIQUE
→ www.redbuses.com, www.stromma.com
Tours de la ville en bus hop-on, hop-off.

EN BATEAU BUS
→ Lun.-ven. 6h30-21h, w.-e. 10h-22h Lignes 991 et 992

EN BATEAU
Croisière de 60 min.
→ The Grand Tour Tél. 32 96 30 00 www.stromma.com Départs de Nyhavn (**D** B2) et de Ved Stranden (**B** D1).
→ Nettobådene Tél. 32 54 41 02 Départs de Nyhavn (**D** B2) et de Holmens Kirke (**A** F4).

À VÉLO
→ Cycling Copenhagen (**E** E3) Westend 4 Tél. 21 76 28 29 www.cycling-copenhagen.dk

À PIED
→ Copenhagen Fairy Tales Tél. 50 80 50 81 novafairytales.com
L'essentiel de la ville en 3h.

MUSÉES GRATUITS
Davids Samling (**F** E4), Nationalmuseet (**B** C2).
Le mardi : Ny Carlsberg Glyptotek (**B** B2).
Le mercredi : Thorvaldsens Museum (**B** C1), Højbro Plads / Kunsthallen Nikolaj (**A** E3), Charlottenborg (**D** B2) en nocturne.

MÉTÉO

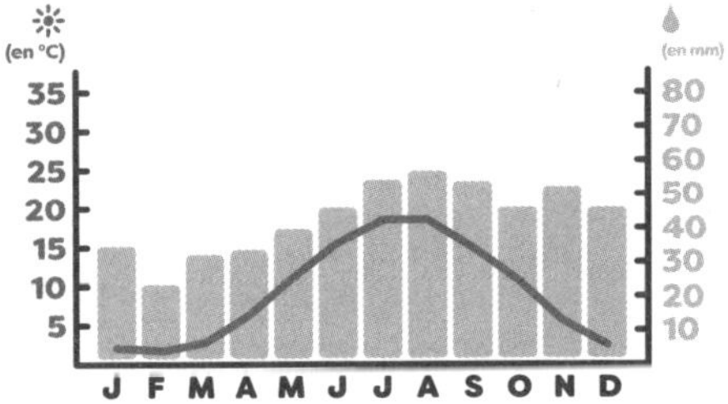

ARRIVER

AÉROPORT
Københavns Lufthavn
→ À 10 km au sud-est du centre-ville
Tél. 32 31 32 31 www.cph.dk

LIAISONS CENTRE-VILLE

Métro
→ M2 Tlj. 24h/24 Terminal 3 Trajet 14 min
Tarif 36kr

Train
→ Tlj. 5h-0h (ttes les 10 min) Trajet 12 min
Tarif 36kr

Bus
→ Tlj. 24h/24 (ttes les 10 min jusqu'à minuit, puis ttes les 30 min env.) Trajet 30 min Tarif 36kr

Taxi
→ Trajet 20 min Env. 270kr

SE DÉPLACER

TRANSPORTS EN COMMUN
6 zones de tarification (entre 2 et 9) : la zone 2 couvre le centre-ville. L'aéroport se situe en zone 3.

Bus
→ Tél. 70 15 70 00 dinoffentligetransport.dk

Métro
→ Tél. 70 15 16 15 Tlj. 24h/24 www.m.dk

Titres de transport
Valables pour le réseau de métro, bus, navette bateau et de trains (S-Tog).

Ticket
→ Zone 2 : 24kr valable 1h
→ Zone 3 : 36kr valable 1h
→ Zones 1-9 : 92kr valable 2h
→ City pass (zones 1-4) : 80kr valable 24h 200kr valable 72h
→ FlexCard 7 jours (trajets illimités) : 260kr (zone 2), 320kr (zone 3)

Copenhagen Card
→ copenhagencard.com Tarif 399-899kr (enfants 10-15 ans 199-449€) Valable 24h-120h
Transports en commun gratuits + accès à 86 musées et sites. Achat en ligne, dans les gares, à l'OT.

Navettes du port
→ Lignes 991 à 993
Pratique et rapide.
Même tarif que le métro.

VÉLOS
Le moyen de transport par excellence. Pistes cyclables très performantes et possibilité de transporter son vélo dans le S-Tog, le métro (13kr), et à l'arrière des taxis.

En libre service
- **Bycyklen**
→ www.bycyklen.dk
Pay as you go 30kr/h
Vélos électriques. Inscriptions en ligne ou sur la tablette installée sur le vélo.

Location
- **Christiania Cykler** (**D** D3)
→ Fabriksomradet 91 Tél. 32 95 45 20
Lun.-ven. 9h (10h mer.)-17h30, sam. 11h-15h
Tarif 100-450kr/j.
Vélos ou célèbres "cargo" de Christiania !
- **Baisikeli** (**E** F4)
→ Ingerlsevsgade 80 Tél. 26 70 02 29
Tlj. 10h-18h (16h w.-e.)
Tarif 80-450kr/j.

TAXIS
Tous les taxis prennent la carte bleue et acceptent les vélos ! Question d'usage : on s'assoit à côté du conducteur.

Tarif
⟶ Prise en charge 37-50kr, puis environ 15,25-19,85kr/km.
Réservation
⟶ Københavns Taxa Tél. 35 35 35 35
⟶ Dantaxi Tél. 70 25 25 25
⟶ Taxi Nord Tél. 48 48 48 48

VOITURE

Les Danois sont très respectueux du code de la route et roulent toute la journée feux allumés.

Limitation de vitesse
⟶ 50 km/h en ville. 80 km/h sur route et 110-130 km/h sur autoroute

Stationnement
Difficile de se garer dans le centre. Panneaux bleus P Billetautomat pour signaler le stationnement payant.
⟶ Lun. 8h-sam. 17h Tarif 11kr, 19kr, 35kr/h ou 5kr (23h-8h) selon les zones

SUR PLACE

SE RESTAURER

Habitudes
On ne mange pas de la même façon midi et soir, on ne fréquente donc pas les mêmes endroits : au déjeuner, *smørrebrød* dans un café (ouvert le midi seulement), le soir, repas copieux au restaurant.

Spécialités
Frikadeller, fiskefrikadeller : boulettes de viande ou de poisson
Flæskesteg med rødkål : rôti de porc à la couenne croustillante
Hakkebøf : steak haché, oignons et œuf sur le plat
Lagkage : gâteau à étages à la crème
Pølser : saucisses
Røget laks : saumon fumé
Sild : hareng mariné au vinaigre, accommodé aux oignons, aux épices...
Smørrebrød : tranche de pain noir beurré garnie de mets salés variés
Fadøl : bière pression
Snaps ou *aquavit* : schnaps, eau-de-vie

SHOPPING

Grands magasins et centre commercial
- **Magasin du Nord** (**D** A2)
⟶ Kongens Nytorv 13 Tlj. 10h-20h
- **Illum** (**A** E3)(**A** E3)
⟶ Østergade 52 Tlj. 10h-20h
- **Fisketorvet** (**E** F4)
⟶ Kalvebod Brygge Tlj. 10h-20h (18h w.-e.)

Supermarchés
- **Netto, Irma**
⟶ Lun.-ven. 8h-20h/21h
- **7-Eleven**
⟶ Tlj. 24h/24

Puces et antiquités
- **Nørrebrogade** (**F** B3)
⟶ Avr.-oct. sam., 1er et dernier dim. du mois 8h-15h
Le long du cimetière.
- **Frederiksberg** (**E** B2)
⟶ Mi-avr.-mi-oct. : sam. 9h-15h
Derrière le Rådhus.
- **Gammel Strand** (**A** D4)
⟶ Mai-sep. : ven.-sam. 8h-16h
- **Thorvaldsens Antik Market** (**A** D4)
⟶ Mai-oct. : ven. 9h-18h, sam. 8h-17h

Halmtorvet (**E** F3)
⟶ Avr.-oct. : sam. 9h-16h

SORTIES

Programmes
Office de tourisme et presse.
⟶ Dansk www.danskmagazine.com
⟶ The Copenhagen Post www.cphpost.dk

Réservation
- **Ticketmaster**
⟶ Tél. 70 15 65 65 Lun.-ven. 10h-17h www.ticketmaster.dk

• **Bureau de vente Tivoli** (**B** A2)
⟶ Vesterbrogade 3
Tél. 33 15 10 12
Avr.-fin sep. : tlj. 10h-22h45 (23h45 ven.-sam.) ; fin sep.-mars : lun.-ven. 10h-18h

ACTIVITÉS POUR LES ENFANTS

DGI-Byen (**E** F3)
⟶ Tietgensgade 65 Tél. 33 29 80 00
www.dgi-byen.dk
Piscine, sauna, etc.

Patinoire Frederiksberg (**E** B2)
⟶ Frederiksberg Runddel
Déc. : tlj. 11h (10h w.-e.)-21h ; jan.-fév. : tlj. 11h (10h w.-e.)-20h

København Zoo (**E** A3)
⟶ Roskildevej 32 Tél. 72 200 200
www.zoo.dk

Experimentarium (hors plan **F** F1)
⟶ Tuborg Havnevej 7 Tél. 39 27 33 33
www.experimentarium.dk
Musée des sciences interactif.

HÉBERGEMENT

L'hébergement est très cher. Mais les prix baissent de 10 à 20 % en hiver (oct.-avr.). Sauf mention contraire, les prix indiqués ci-dessous sont d'une chambre double standard avec salle de bain (sdb) et petit déjeuner, en haute saison, l'été.

CAMPING

Camping Charlottenlund Fort
À 30 min du centre, mais avec vue sur la mer ! 100kr/pers.
⟶ Strandvejen 144B S-Tog A, B ou C (Svanemøllen), puis bus 14
Tél. 44 22 00 65
Mi-mars-mi-oct.
www.campingcopenhagen.dk

AUBERGES DE JEUNESSE

Prix indiqués par personne.

Sleep-in Heaven (**F** A4)
Le "*sleep-in* du paradis", derrière le cimetière ! Exquise cour l'été qui attire les jeunes et les moins jeunes. 90 lits. Réserver en ligne. Petit déj. 50kr. 135–180kr sans carte.
⟶ Struenseegade 7
Tél. 41 44 42 36
www.sleepinheaven.com

Danhostel Copenhagen Bellahøj (hors plan **F** A2)
218 lits dans un quartier résidentiel tranquille. Petit déj. 69kr. 200kr.
⟶ Herbergvejen 8 Bus 2A
Tél. 38 28 97 15
www.copenhagenhostel.dk

Danhostel Copenhagen Amager (hors plan **D** A6)
Accolée à la réserve naturelle de Amager Fælled, auberge bondée et animée ! 540 lits. Petit déj. 80kr. 200–545kr.
⟶ Vejlands Allé 200
Métro 1 (Bella Center) À 20 min du centre
Tél. 32 52 29 08
www.danhostelcopenhagen.dk

Danhostel Copenhagen City (**B** D3)
Dans une tour, point de repère de la ville au bord de l'eau, une ruche super design, avec cafét' pleine de couleurs, Internet, self appétissant. Chambres de 6 pers. minimum. Et très agréables chambres doubles avec sdb (500-1000kr). Demander un étage élevé pour la vue. Toutes générations ! Petit déj. 75kr. 205–285kr.
⟶ H. C. Andersens Boulevard 50
Tél. 33 11 85 85
www.danhostelcopenhagencity.dk

Cph Down Town (**B** C1)
Dans le cœur *arty* de la ville et dans une ambiance toute scandinave, 365 lits pour *backpackers* solitaires, familles ou groupes. Un restaurant, un bar, des concerts et des fêtes jeu.-sam. Petit déj. 70kr. À partir de 290kr.
⟶ Vandkunsten 5
Tél. 70 23 21 10
www.copenhagendowntown.com

Løven (**E** F2)
Une auberge de jeunesse en plein centre : parquets clairs, murs blancs et toiles contemporaines. 50 ch. Double 700kr, sans petit déj.
→ **Vesterbrogade 30**
Tél. 33 79 67 20
www.loevenhotel.dk

HÔTELS

Wakeup Copenhagen (**B** B4)
Pour les amateurs de design danois, un hôtel idéalement situé entre Tivoli et le port. Chambres ultramodernes. Petit déj. 90kr. 400-1 000kr.
→ **Carsten Niebuhrs Gade 11**
Tél. 44 80 00 00
www.wakeupcopenhagen.com

Hotels Cab Inn (**E** E2)
Des cabines en préfabriqué comme dans un ferry. Compactes ! Petit déj. 75kr. 499–1 035kr.
→ **55 Vodroffsvej**
Tél. 35 36 11 11
www.cabinn.com

Euroglobe Hotel (**E** D2)
À 5 min des lacs, dans un quartier résidentiel, un petit air de colonie de vacances pour 46 chambres dépouillées. 580–980kr.
→ **Niels Ebbesens Vej 20**
Tél. 33 79 79 54
www.hoteleuroglobe.dk

Hotel Fy&Bi (**E** A4)
Cette délicieuse maisonnette aux murs ocre dissimule sa terrasse derrière un portillon... Pour se croire à la campagne ! 16 chambres. 895–995kr.
→ **Valby Langgade 62**
Tél. 36 45 44 00
www.hotelfyogbi.dk

City Hotel Nebo (**E** F3)
À côté de la gare, l'hôtel de la Mission danoise avec sa petite cour intérieure pour le petit déj. en été. 84 chambres au décor simple et bien tenues. Petit déj. 65 kr. 900kr.
→ **Istedgade 6-8**
Tél. 33 21 12 17
www.nebo.dk

Hotel Josty (**E** B3)
Niché au cœur des jardins du parc de Frederiksberg, à 15 min du centre-ville, un ravissant pavillon, voire un petit château. Pour se faire dorloter ! Petit déj. 75kr. 1 000kr.
→ **Frederiksberg Have Pile Allé 14A**
Tél. 38 86 90 90
www.josty.dk

Saga Hotel (**E** F3)
79 chambres confortables à deux pas de la gare et du parc Tivoli. Un hôtel où l'on peut venir en famille (jusqu'à 5 lits/ch.). 1 000–1 900kr.
→ **Colbjørnsensgade 18-20**
Tél. 33 24 49 44
www.sagahotel.dk

Hotel Bethel Sømandshjem (**D** B2)
Une ancienne pension de marins au long cours, formidablement située sur le quai de Nyhavn ! Un brin fruste mais on y respire un vent venu du large... et une gentillesse spontanée. 30 chambres. 1 095kr.
→ **Nyhavn 22**
Tél. 33 13 03 70
www.hotel-bethel.dk

Axel Guldsmeden (**E** F3)
Inspiration parisienne dans cet hôtel situé au cœur du quartier rouge. Moderne, confortable et gai ! Service agréable. 202 chambres. 1 300kr.
→ **Colbjørnsensgade 14**
Tél. 33 31 32 66
www.guldsmedenhotels.com

Hotel Sct. Thomas (**E** D3)
Un charmant hôtel familial dans un quartier calme à proximité du parc de Frederiksberg. 51 jolies chambres pimpantes et personnalisées. 1 395kr.
→ **Frederiksberg Allé 7**
Tél. 33 21 64 64
www.hotelsctthomas.dk

Hotel Kong Arthur (**E** F1)
Façade et escalier d'époque dans cette belle demeure de 1882, qui réserve la surprise d'une terrasse intérieure. 166 chambres luxueuses et meublées à l'ancienne. 1 400kr.
→ **Nørre Søgade 11**
Tél. 33 45 77 77
www.arthurhotels.dk/dk/hotel-kong-arthur

Grand Hotel (**E** F3)
L'un des premiers grands hôtels de la ville, datant de 1880, d'où émane encore un charme très XIXe s. 1 450kr.
→ **Vesterbrogade 9**
Tél. 33 27 69 00
www.grandhotel.dk

Copenhagen Strand (**D** B3)
Très bien situé sur le port, à deux pas de Kongens Nytorv, de Nyhavn et de Christianshavn par la passerelle piétonne. 174 chambres bien équipées, confortables avec jolie vue. 1 500kr.
→ **Havnegade 37**
Tél. 33 48 99 00
www.copenhagenstrand.com

Ibsens Hotel (**A** A1)
Près du lac Peblinge Sø, une grande demeure du XIXe s. Demander à être logé au 6e étage dans les chambres mansardées aux belles poutres.
1 500-2 000kr.
→ **Vendersgade 23 Tél. 33 45 77 44**
www.arthurhotels.dk/ibsens-hotel

Bertrams Guldsmeden (**E** D3)
Influences coloniales, meubles d'Indonésie, petit déjeuner au calme... Un havre de paix au cœur de Vesterbro. 1 650kr.
→ **Vesterbrogade 107**
Tél. 40 46 16 46 guldsmedenhotels.com

Scandic Webers (**E** F3)
Belle hauteur sous plafond pour les 152 chambres de cet hôtel aux intérieurs clairs et épurés. Avec un jardin fleuri et un petit déj. à mourir ! 1 670kr.
→ **Vesterbrogade 11B**
Tél. 33 31 14 32
www.scandichotels.dk

Hotel City (**D** A3)
Malgré la proximité de Nyhavn, tout respire la tranquillité dans cet hôtel discret tenu par la même famille depuis 1955. 81 chambres.
1 715-2 300kr.
→ **Peder Skrams Gade 24**
Tél. 33 13 06 66
www.hotelcity.dk

Phoenix (**C** B6)
Hôtel particulier, restaurant, quartier général de la Wehrmacht, siège du parti communiste : un lieu chargé d'histoire depuis 1680 ! 213 chambres au style Louis XVI extravagant, voire kitsch. 1 900kr.
→ **Bredgade 37**
Tél. 33 95 95 00
www.phoenixcopenhagen.dk

Hotel Alexandra (**B** A1)
L'hôtel design danois dans toute sa splendeur. Avec des meubles signés Finn Juhls (1912-1989), il flotte un air du passé dans ces 61 chambres aux bow-windows sur une vue dégagée. 1 975kr.
→ **H. C. Andersens Bd 8**
Tél. 33 74 44 44
www.hotelalexandra.dk

Hotel SP34 (**A** A3)
Design scandinave minimaliste avec association de cuir, de bois et de béton brut. 118 chambres élégantes. À partir de 2 150kr.
→ **Sankt Peders Stræde 34**
Tél. 33 13 30 00
www.brochner-hotels.dk

Hotel Skt. Petri (**A** C3)
Un grand magasin de 1930 à la façade orange mué en hôtel design. 268 chambres sobres et lumineuses, certaines égayées par les œuvres de l'artiste national Per Arnoldi. 2 200kr.
→ **Krystalgade 22**
Tél. 33 45 91 00 www.sktpetri.com

LEXIQUE

EXPRESSIONS UTILES

Oui : ja
Non : nej
Bonjour : goddag
Salut : hej
Au revoir : farvel
Comment allez-vous ? Hvordan går det ?
Merci : tak
Excusez-moi : Undskyld
Je ne parle pas Danois : Jeg taler ikke dansk
Combien coûte... ? Hvad koster... ?
Où est... ? Hvor er... ?
Je cherche... Jeg søger...
Je voudrais... Jeg vil gerne have...

TEMPS ET CHIFFRES

Aujourd'hui : i dag
Hier : i går
Demain : i morgen
Matin : morgen
Après-midi : eftermiddag
Soir : aften
Quelle heure est-il ? Hvad er klokken ?
Midi : formiddag
Lundi : mandag
Mardi : tirsdag
Mercredi : onsdag
Jeudi : torsdag
Vendredi : fredag
Samedi : lørdag
Dimanche : søndag
Un : en
Deux : to
Trois : tre
Quatre : fire
Cinq : fem
Six : seks
Sept : syv
Huit : otte
Neuf : ni
Dix : ti

TRANSPORTS ET REPÈRES

Métro : metro
Bus : bus
Arrêt de bus : busstoppested
Bateau : båd
Taxi : taxa
Train : tog
Gare : banegård, togstation
Gare routière : rutebilstation
Aéroport : lufthavn
Vélo : cykel
Voiture : bil
Rue : gade, vej
Ruelle : stræde
Place : plads
Tour : tårn
Maison : hus
Pont : bro
Ville : by
Château : slot
Marché : Marked
Parc : have, park
Musée : museum
Église : kirke
Épicerie : købmandsvare
Fleuve : flod
Mairie : rådhus
Port : havn
Office du tourisme : turistkontor
Plan, carte : kort
Adulte : voksen
Enfant : barn
Aller-simple : enkelbillet
Aller-retour : eeturbillet

SIGNALÉTIQUE

Entrée : indgang
Sortie : udgang
Ascenseur : elevator
Escalier : trappe
Rez-de-chaussée : stueetage
Premier étage : første sal
Deuxième étage : anden sal
Toilettes : toilet
Hommes : herrer
Femmes : damer
Interdit : forbudt
Ouvert : åben
Fermé : lukket

HÉBERGEMENT

Chambre simple / double : vnkeltværelse / dobbeltværelse
Douche / baignoire : vrusebad / badekar
Petit déjeuner inclus : morgenmad inkluderet

RESTAURATION

Sur place : på stedet
À emporter : takeaway
Café : kaffe
Thé : the
Chocolat chaud : varm chokolade
Jus d'orange : appelsinjuice
Vin rouge / blanc : rødvin / hvidvin
Vin chaud : gløg
Bière : øl
Entrée : forret
Plat principal : hovedret
Dessert : dessert
Carte : menukort
Plat du jour : dagens ret
Eau du robinet : tappevand

ARGENT

Argent : penge
Gratuit : gratis
Tarif réduit : rabat
Carte de crédit : kreditkort

INDEX

Les noms de rues, de monuments et de lieux de visite, classés par ordre alphabétique, sont suivis d'un carroyage, dont la lettre en gras A, B, C... indique le quartier et la carte correspondante. ⚲ renvoie aux "Incontournables" (p. 4).

RUES

MONUMENTS ET LIEUX DE VISITE

Guides CARTOVILLE Gallimard
5, rue Gaston-Gallimard
75007 Paris
cartoville@gallimard-loisirs.fr
guides-gallimard.fr

Auteurs
Assia Rabinowitz, Camille Seewald, Marie Charvet, Manuel Sanchez
À Copenhague
Julie Boénec, Brian Kristensen, Monika Dinek

Direction éditoriale
Hélène Firquet
Édition
Vincent Grandferry
Suivi éditorial
Assia Rabinowitz
Responsable artistique
Flora Monnin
Fabrication
Julien Recurt
Relations presse
Sophie Gallet
Responsable coéditions
Mathilde Barrois

Cartographie
EdiCarto
© Gallimard Loisirs.
Carte des transports © DSB/DOT

Mise à jour
Grégoire Meyer

Lecture-correction
Fabienne Texier

Photographies
Manuel Sanchez.
Marie Charvet pour :
A ★ Rundetårn
E ★ Tycho Brahe Planetarium, Carlsberg Bryggerierne, Bakkehusmuseet
F ★ Den Hirschsprungske Samling, Davids Samling.
Assia Rabinowitz pour :
A ★ Gammeltorv / Nytorv
B ★ Thorvaldsen Museum
E ★ Radisson Collection Hotel, Øksnehallen, Frederiksberg Have
F ★ Assistens Kirkegård.
Camille Seewald pour :
D Meyers Bageri
COPENHAGUE EN TROIS JOURS Vélo
BALADES Hay, Superkilen, Cykelslangen.
Florence Lagrange pour :
B ★ Den Sorte Diamant
C ★ Nyboder
D ★ Christiania.
Shutterstock pour :
COUVERTURE Nyhavn © Nattee Chalermtiragool, Panorama © Mikhail Markovskiy
BIENVENUE À COPENHAGUE © Mikecphoto
INCONTOURNABLES La Petite Sirène © Mordechai Meiri, Nyhavn © Birute Vijeikiene, Strøget © RPBaiao, Thorvaldsens Museum © Irisphoto1, Tivoli © Mikhail Markovskiy, Nationalmuseet © Anna50, Ny Carlsberg Glyptotek © Andrey Shcherbukhin, Christiania © Erich Fend, Rosenborg Slot © S-F, Statens Museum for Kunst © Kiev.Victor, Louisiana Museum © EQRoy
COPENHAGUE AUTREMENT Østerbro Tagfarm © Intreegue Photography, Christianiabikes © Roberto Rizzi, Havnebadet Islands Brygge © poludziber
COPENHAGUE EN 3 JOURS Smørrebrøds © foodfotus
AGENDA Anniversaire de la reine © Ricardo Esplana babor
B ★ Christiansborg Slot © igorstevanovic, Børsen © footageclip, Blox © Elijah Lovkoff, Tivoli © Zakariaa El Mikdam, Kalvebod Bølge © Tanathip Rattanatum
C ★ Amalienborg © Fedor Selivanov ; Marmorkirken, Alexander Nevskij Kirke © Daan Kloeg, Designmuseum Danmark © Evikka, Kastellet © Olivera White, Den Lille Havfrue © foto-select, CopenHill © Steve Heap
D ★ Nyhavn © Bucchi Francesco, Skuespilhuset © Luisa Fumi, Nordatlantens Brygge © MaraZe, Vor Frelsers Kirke © Nigar Alizada, Christians Kirke © SP rabbito, Cirkelbroen © EQRoy
H Gruntdvigs Kirke © Daan Kloeg
ENVIRONS Karen Blixen Museet © Stig Alenas, Pont de l'Øresund © Kimson.
Autres :
COPENHAGUE AUTREMENT CopenHot © Panoramic Sauna CopenHot, Radisson © Radisson Collecton Royal Hotel, Alchemist © Alchemist, CopenHill © Amélie Louys/ CopenHill, GoBoats © GoBoats
COPENHAGUE EN 3 JOURS Havnebadet Islands Brygge © Team bade
B ★ Nationalmuseet © Roberto Fortuna, Nationalmuseet
D 108 © Mikkel Heriba
F Normann © Normann
F ★ Superkilen © Copenhagen Media Center / Iwan Baan

Édition mise à jour, publiée en 2022

1er dépôt légal : mai 2002
Dépôt légal : mars 2022
Numéro d'édition : 400810
ISBN 978-2-7424-6354-1
Photogravure : Desk (Laval).
Imprimé en Chine par C&C Offset.

Lignes de train et de métro à Copenhague

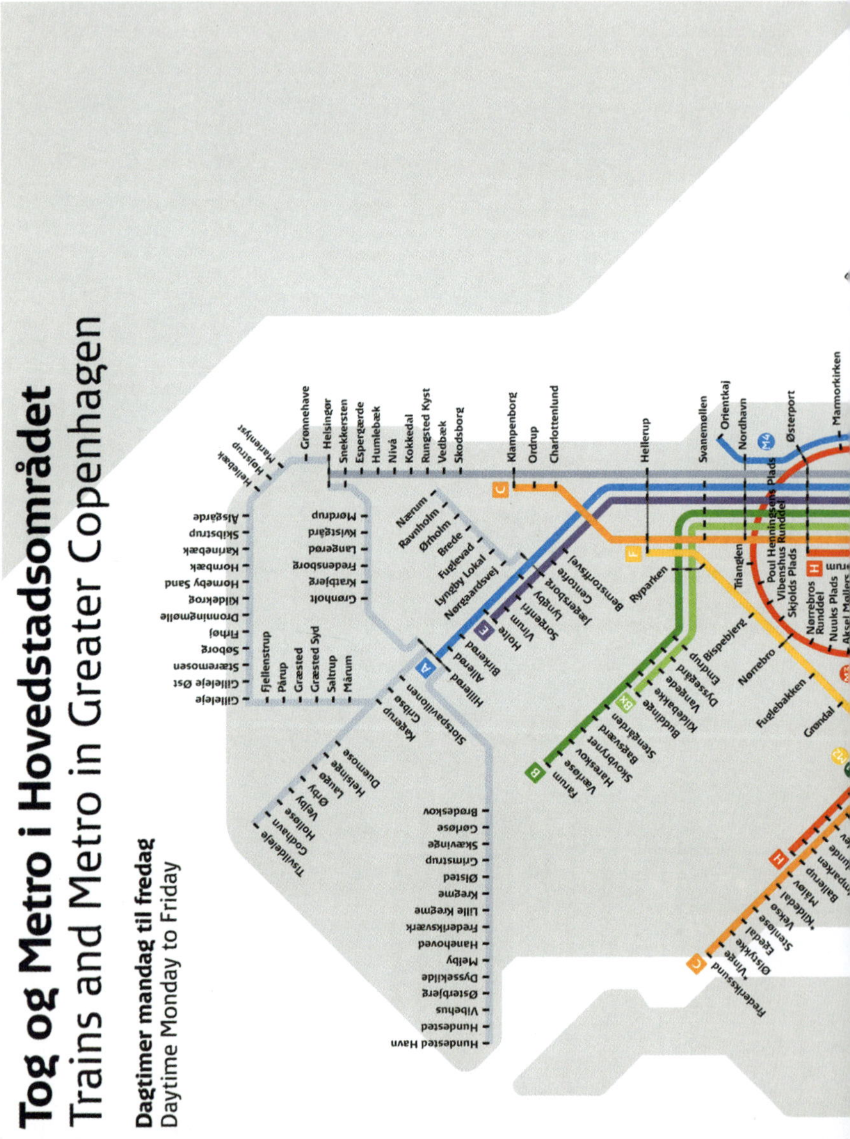